本书出版获得2020年度华东政法大学地高大项目资助

网络平台
企业新型垄断行为规制范式

WANGLUO PINGTAI
QIYE XINXING LONGDUAN XINGWEI
GUIZHI FANSHI

翟巍 ◎ 著

中国政法大学出版社

2022·北京

声　　明　1. 版权所有，侵权必究。

　　　　　2. 如有缺页、倒装问题，由出版社负责退换。

图书在版编目（CIP）数据

网络平台企业新型垄断行为规制范式/翟巍著.—北京：中国政法大学出版社，2022.8
　ISBN 978-7-5764-0621-4

　Ⅰ.①网… Ⅱ.①翟… Ⅲ.①电子商务－反垄断法－研究－世界 Ⅳ.①D912.294.4

中国版本图书馆CIP数据核字(2022)第145299号

出　版　者	中国政法大学出版社
地　　　址	北京市海淀区西土城路25号
邮寄地址	北京100088 信箱8034分箱　邮编100088
网　　　址	http://www.cuplpress.com（网络实名：中国政法大学出版社）
电　　　话	010-58908289(编辑部) 58908334(邮购部)
承　　　印	固安华明印业有限公司
开　　　本	880mm×1230mm　1/32
印　　　张	6.5
字　　　数	155千字
版　　　次	2022年8月第1版
印　　　次	2022年8月第1次印刷
定　　　价	39.00元

前 言

自人类从工业经济时代进入数字经济时代以来，基于大数据资源与互联网的技术创新产生崭新的商业模式、产品与服务，这极大提升市场经营者的经济效益，并增加消费者福祉与社会公共利益。具言之，互联网已经通过多种方式重组与革新经济活动，它主要产生以下三个层面的正面影响：其一，降低搜索与交易成本；其二，显著拓展产品与服务供给领域；其三，促成市场与竞争之间的动态发展态势。[1]然而，由于法律制度固有的滞后性、守成性与谦抑性，数字经济时代的技术创新与经营模式革新亦不可避免导致出现新型法律罅隙、困境及衍生问题。[2]举例而言，数字经济及其平台市场的发展促使域内外立法机关开始反思与革新现有知识产权及其他财产法律制度。在既有知识产权法律制度下，域内外立法机关需要在数字经济平台市场有效平衡"维护作者的开发利益""确保数据获取渠道"与"促进商业模式创新"三项目标之间的抵牾关系。[3]

---

[1] Bundeskartellamt, Arbeitspapier-Marktmacht von Plattformen und Netzwerken, Az. B6-113/15, Juni 2016, S. 1.

[2] Vgl. Bundeskartellamt, Hintergrundpapier, Digitale Ökonomie-Internetplattformen zwischen Wettbewerbsrecht, Privatsphäre und Verbraucherschutz, Tagung des Arbeitskreises Kartellrecht, 1. Oktober 2015, S. 5.

[3] Bundeskartellamt, Hintergrundpapier, Digitale Ökonomie-Internetplattformen zwischen Wettbewerbsrecht, Privatsphäre und Verbraucherschutz, Tagung des Arbeitskreises Kartellrecht, 1. Oktober 2015, S. 5.

在数字经济迭代演进的背景下,网络平台(数字经济平台)呈现极其多元化的表现样态。它们包括互联网社交网络、比较与评估门户网站、搜索引擎、共享平台、应用程序商店、在线市场、经纪服务平台、媒体平台等。多元化的网络平台不仅日益塑造着社会公众的日常生活,而且深刻影响并改变着经济与社会。[1]与传统企业相比较,网络平台企业具有的显著特征之一是其经营行为所关联的网络效应。具体而言,在社交媒体等类型的网络平台架构下,平台用户相互交换信息并实现双向链接,而平台架构下供给端与需求端用户数量的递增都将提升平台的使用属性与吸引力,这就构成所谓的网络效应(Netzwerkeffekte)。[2]由于网络效应的直接与间接影响,数字经济相关市场比较容易形成较高的市场集中度,甚至会形成寡头垄断、独占垄断状态;进一步而言,若干超大型数字平台企业的市场力量容易呈现自我循环强化的"马太效应",这甚至可能引发传统价值链的变革。基于此情境,在数字经济时代,域内外立法、执法、司法机关亟需予以解决的基本法律问题是:传统反垄断法是否适合规制数字经济领域的新型垄断行为。[3]

具言之,在数字经济时代来临及迭代演进之际,渊源于工业经济时代的现行反垄断法律制度的滞后性与僵化性日益显现,其主要表现为规制范畴不周延性与规制工具不匹配性。尤其值得关注的是,具有中介属性的网络平台(数字经济平台)的崛起对现行反垄断法律制度构成极其严峻的挑战,这亦构成现行

---

[1] BMWi, Digitale Plattformen, https://www.bmwi.de/Redaktion/DE/Artikel/Digitale-Welt/digitale-plattformen.html, besucht am 18.02.2021.

[2] BMWi, Digitale Plattformen, https://www.bmwi.de/Redaktion/DE/Artikel/Digitale-Welt/digitale-plattformen.html, besucht am 18.02.2021.

[3] Vgl. BMWi, Digitale Plattformen, https://www.bmwi.de/Redaktion/DE/Artikel/Digitale-Welt/digitale-plattformen.html, besucht am 18.02.2021.

前 言◇

反垄断法律制度得以系统性变革的契机。[1]正如德国联邦卡特尔局（Bundeskartellamt）副主席康拉德·奥斯特（Konrad Ost）所述："反垄断立法的历史渊源在于对大型工业企业和卡特尔拥有的过度的经济和政治权力的担忧。如今，通过谷歌、亚马逊、脸书、苹果等数字经济平台，我们看到新型的经济力量的集聚对整体社会发挥重要影响。一方面，我们处于数字市场巨大的创新飞跃与快速发展之间的紧张区域；另一方面，由于网络效应、庞大的数据库、强大的财务实力，市场呈现高度集中态势，这就提出了各种各样的问题。除了数据保护法、知识产权法、税法和消费者保护法之外，反垄断法也是应对这类问题的重要支柱。"[2]

在经由数字化与数据化驱动的数字经济时代，网络平台企业实施的新型垄断行为阻碍信息流的自由流动，扭曲优化配置资源的市场竞争机制，最终可能导致正常市场竞争机制倾覆的后果，因而这类行为亟需得到系统性甄别、评判与规制；但现行反垄断法律制度却无法有效识别、厘定与处置新型垄断行为。基于此种情境，域内外立法、执法与司法机关已开启针对反垄断法律制度的数字化修订进程，以构筑契合经济数字化与全球化要求的新型反垄断规制范式，进而全面与精准解析、评判与处置由网络平台企业实施的各类新型垄断行为。

随着数字经济的持续演进与迭代发展，各类数字经济相关市场的集中度日益增高，而涉猎乃至主导众多数字经济相关市

---

[1] Bundeskartellamt, Hintergrundpapier, Digitale Ökonomie-Internetplattformen zwischen Wettbewerbsrecht, Privatsphäre und Verbraucherschutz, Tagung des Arbeitskreises Kartellrecht, 1. Oktober 2015, S. 5.

[2] Bundeskartellamt, Tagung des Arbeitskreises Kartellrecht über Internetplattformen, Meldung vom: 05.10.2015, www.bundeskartellamt.de, besucht am 15.02.2021.

场的超大型数字平台企业逐步演化为市场经济体系与社会公共生活的底层基础设施。譬如，依据美国众议院司法委员会《数字市场竞争状况调查报告》（Investigation of Competition in Digital Markets），亚马逊、苹果、脸书、谷歌等超大型数字平台企业在美国经济与社会生活领域扮演关键角色，它们被视为交互通信、信息交流、商品与服务交换的底层基础设施。[1]由于超大型数字平台企业已经逐渐成为具有自组织性特征的宏观生态系统，因而它们所实施的滥用市场力行为及以排除、限制竞争为目标的经营者集中行为对市场竞争机制的损害影响尤其广泛与深远。

基于上述情形，强化数字经济领域的法律监管不仅涉及厘清、细化与增补传统反垄断法规制内容，而且涉及强化针对超大型数字平台企业的特殊性监管，而这类特殊性监管的实施目的是确保由超大型数字平台企业掌控的公共数字基础设施的有序运作。具言之，这类特殊性监管措施包括：其一，确保社会公众对数字产品的普遍使用权；其二，确保数据主权；其三，确保法律的令行禁止。[2]

本书基于域内外横向比较视角，希冀全面介绍与分析在数字经济时代由网络平台企业实施的新型垄断行为的基本特征与表现形式，并针对数字经济时代域内外互联网行业新型垄断行为的规制实践予以实证解析，最终归结规制网络平台企业新型垄断行为的现行反垄断法律制度的罅隙与瑕疵，从而提出关于由网络平台企业实施的新型垄断行为法律规制机制的系统性完善路径。

基于现有公开文献资料综合判断，本书应是国内为数不多

---

〔1〕 House Judiciary Committee, Investigation of Competition in Digital Markets, 2020, p. 10.

〔2〕 Deutscher Bundestag, Antrag: Wettbewerbsrecht 4.0-Digitales Monopoly beenden, Drucksache 19/23698（neu），28.10.2020, S. 1.

前　言

的系统性分析数字经济时代网络平台企业新型垄断行为规制范式的法学专著。本书包含由作者搜集、整理与解析的大量域外最新立法例、执法例、司法例，因而它对于需要解读域外网络平台企业新型垄断行为反垄断规制现状的域内学者与实务工作者而言具有重要参考价值。由于域内立法、执法与司法机关正在研究与构筑关于网络平台企业新型垄断行为的反垄断规制路径，因而本书的付梓出版亦可以为域内立法、执法与司法机关构筑新型垄断行为规制范式提供较为全面的参考资料。

本书撰写主要素材为《数字经济视野下链接封禁的反垄断规制范式》研究报告。2021年3月28日，由华东政法大学经济法学院主办，竞争法研究中心承办的"网络新型垄断行为规制"线上学术研讨会正式召开。在该次会议上，《数字经济视野下链接封禁的反垄断规制范式》研究报告正式发布。该项报告发布方为华东政法大学竞争法研究中心，撰稿人为本书作者翟巍。该项报告系从域内外比较视角研究链接封禁反垄断规制范式的专项研究报告，报告裸字数逾五万，总字符数逾七万。该项报告从欧盟、欧盟核心成员德国及美国的立法、执法、司法视角，结合逾二十年以来的典型案例与立法例，全面分析了数字经济视野下域外链接封禁垄断行为的反垄断规制范式，并厘定该类垄断行为的界定标准与规制路径，从而为我国完善链接封禁垄断行为的本土反垄断规制范式提供系统性建言。

本书出版得益于华东政法大学及华东政法大学经济法学院的共同资助，并获得中国政法大学出版社的大力协助，本书作者在此谨表示由衷感谢。

翟　巍
2022年3月
于东风楼

目 录

前 言 ··· 001

第一章 数字经济相关市场界定方法与竞争态势 ········ 001
第一节 数字经济相关市场基本属性与界定方法 ······ 001
一、数字经济相关市场细分类型 ················· 002
二、数字经济相关市场基本属性 ················· 006
三、数字经济相关市场界定方法 ················· 010
第二节 数字经济相关市场竞争态势 ················· 021
一、网络平台的类型化界分 ····················· 021
二、数字经济相关市场网络效应及其竞争影响 ······ 024
三、数据垄断表现样态及其规制路径 ·············· 026

第二章 网络平台企业新型垄断行为的特征、样态与规制 ··· 035
第一节 网络平台企业垄断协议的特征、样态与规制 ··· 036
一、网络平台企业垄断协议的基本特征 ············ 036

二、网络平台企业垄断协议的表现样态 ………………… 037
三、网络平台企业垄断协议的规制范式 ………………… 039
第二节 网络平台企业滥用市场力行为的特征、样态与
　　　　规制 ……………………………………………… 042
一、网络平台企业滥用市场力行为的基本特征 ………… 042
二、网络平台企业滥用市场力行为的表现样态 ………… 046
三、网络平台企业滥用市场力行为的规制范式 ………… 048
第三节 网络平台企业经营者集中行为的特征、样态与
　　　　规制 ……………………………………………… 055
一、网络平台企业经营者集中行为的基本特征 ………… 055
二、网络平台企业经营者集中行为的表现样态 ………… 057
三、网络平台企业经营者集中行为的规制范式 ………… 059

第三章 网络平台企业典型性垄断行为基本特征与规制路径 …………………………………………… 068
第一节 链接封禁基本特征与规制路径 ………………… 069
一、链接封禁基本特征 …………………………………… 069
二、链接封禁规制路径 …………………………………… 071
第二节 "二选一"行为基本特征与规制路径 ………… 093
一、"二选一"行为基本特征 …………………………… 093
二、"二选一"行为规制路径 …………………………… 095
第三节 轴辐协议基本特征与规制路径 ………………… 102
一、轴辐协议基本特征 …………………………………… 102
二、轴辐协议规制路径 …………………………………… 103

第四节 协同行为基本特征与规制路径 …………… 104
 一、协同行为基本特征 …………………… 104
 二、协同行为规制路径 …………………… 105

第五节 拒绝交易基本特征与规制路径 …………… 107
 一、拒绝交易基本特征 …………………… 107
 二、拒绝交易规制路径 …………………… 108

第六节 搭售行为基本特征与规制路径 …………… 110
 一、搭售行为基本特征 …………………… 110
 二、搭售行为规制路径 …………………… 111

第七节 低于成本销售行为基本特征与规制路径 …… 112
 一、低于成本销售行为基本特征 ………… 113
 二、低于成本销售行为规制路径 ………… 113

第八节 差别待遇行为基本特征与规制路径 ………… 117
 一、差别待遇行为基本特征 ……………… 117
 二、差别待遇行为规制路径 ……………… 118

第九节 "杀手并购"行为基本特征与规制路径 …… 120
 一、"杀手并购"行为基本特征 …………… 120
 二、"杀手并购"行为规制路径 …………… 121

第四章 网络平台企业新型垄断行为的域外规制范式
 ——以德国《反限制竞争法》数字化改革为镜鉴 … 126
第一节 德国《反限制竞争法》数字化改革的缘起 …… 126
第二节 德国《反限制竞争法》数字化改革的目标 …… 134
第三节 德国《反限制竞争法》数字化改革的细化路径 … 137

第四节　德国《反限制竞争法》第十次修订的启示 …… 151
第五节　美欧关于网络平台企业新型垄断行为最新
　　　　规制范式 …………………………………… 153
　一、美国立法机关针对新型垄断行为的规制范式 … 154
　二、欧盟涉及新型垄断行为规制的立法革新
　　　——《数字市场法》（DMA）草案 ………… 158

第五章　超大型数字平台企业双轮垄断的规制范式 … 165
第一节　超大型数字平台企业双轮垄断的基本特征 … 167
　一、针对竞争对手产品与自身旗下产品实施差别待遇 … 168
　二、经由整合与应用竞争相关性数据的路径遏制竞争 … 169
　三、弱化或排斥数据或服务之间互操作性以及遏制
　　　数据可移植性 ………………………………… 170
　四、构筑具有自组织性特征的宏观数字化生态系统 … 171
第二节　超大型数字平台企业双轮垄断的反垄断法
　　　　规制路径 …………………………………… 171
　一、通过增设新型禁止滥用市场力条款方式实现规制
　　　补强与补位目标 ……………………………… 172
　二、施行全景式、前置式与穿透式反垄断监管方式 … 177
　三、重构垄断纠纷民事诉讼举证责任分配机制 …… 178
　四、循序渐进建构我国版本的《数字市场法》 …… 180
第三节　双轮垄断格局下大数据资源爬取行为违法性
　　　　判定路径 …………………………………… 181
　一、双轮垄断格局下大数据资源的基本属性 ……… 182

二、双轮垄断格局下大数据资源爬取行为的违法性
　　 判定标准 ………………………………………… 184
结　语 ……………………………………………………… 190
参考文献 …………………………………………………… 192

第一章

数字经济相关市场界定方法与竞争态势

数字经济的演进发展引发人类经济、文化、社会深刻的结构变化，其深远影响几乎波及人类生活的所有领域。数字化迭代变革对经营者、消费者、国家、社会均提出新的严峻挑战，亦催生新的发展机遇。基于此，立法、执法、司法等国家公权力机关有必要厘定数字市场的基本属性与界定方法，进而修订反垄断法律与革新竞争政策体系，以系统识别、应对由数字化变革所导致的数字经济相关市场新型垄断问题。[1]

第一节 数字经济相关市场基本属性与界定方法

就概念界定而言，数字经济与互联网经济、网络经济为同义术语。从文义解释视角分析，数字经济是指"基于数字技术的经济"，它特指"数字化的社会经济系统"。[2]数字经济业已改变众多产品、服务的生产和销售方式，这类改变重新塑造产业架构，激发大规模投资与创新，提升消费者对市场的认知度，

---

〔1〕 Monopolkommission, Wettbewerbspolitik: Herausforderung digitale Märkte, Sondergutachten 68, Bonn, im Juni 2015, S. 8.

〔2〕 马文彦：《数字经济 2.0：发现传统产业和新兴业态的新机遇》，民主与建设出版社 2017 年版，第 285 页。

创造新的商机,并降低整体经济中产品与服务的供给成本。[1]与传统市场形态相比较,数字市场呈现迥异的基本属性,因而立法、执法、司法机关有必要在反垄断法律实践中与时俱进,设置契合数字市场基本属性的相关市场界定方法。

一、数字经济相关市场细分类型

2020年10月6日,美国众议院司法委员会发布《数字市场竞争状况调查报告》(Investigation of Competition in Digital Markets),该报告的指导思想体现出浓厚的"新布兰代斯学派"色彩。[2]依据美国众议院司法委员会《数字市场竞争状况调查报告》,数字经济相关市场主要包括以下十类细分市场:在线搜索市场、在线商务市场、社交网络与社交媒体市场、移动应用商店市场、移动操作系统市场、数字地图市场、云计算市场、语音助手市场、网络浏览器市场和数字广告市场。[3]

(一)在线搜索市场

在线搜索市场是指以在线搜索引擎为中介平台而生成的数字经济细分市场。在该细分市场领域,用户通过在线搜索引擎能够检索存储在互联网上的信息。在线搜索引擎可以细分为横向、纵向两类。横向在线搜索引擎旨在提供关于常规搜索结果的全面检索服务,而纵向在线搜索引擎旨在提供涉及专项类别

---

[1] Common Understanding of G7 Competition Authorities on "Competition and the Digital Economy", Paris, 5th June, 2019, pp. 2-3.

[2] 陈永伟:《美国众议院〈数字市场竞争状况调查报告〉介评》,载《竞争政策研究》2020年第5期。

[3] 陈永伟:《美国众议院〈数字市场竞争状况调查报告〉介评》,载《竞争政策研究》2020年第5期。

内容的检索服务。[1]

(二) 在线商务市场

在线商务亦被称为"电子商务",它特指使用互联网买卖产品或服务的活动。在线商务交易可以经由多种渠道进行。譬如,单个经营者可以通过旗下官网直接与用户进行交易,而海量经营者可以在以亚马逊(Amazon)为代表的超大型电商平台上集中向广大用户出售产品、服务。[2]在线商务市场的主导性经营主体是电商平台,而电商平台的最基本功能就是充当在线商务市场领域的买卖双方的联结平台。电商平台分为集成型与单一型两类。集成型电商平台是指提供多类别产品、服务的完全集聚式的电商平台,其典型代表为亚马逊、易趣(eBay)。单一型电商平台是指提供单一类别产品、服务的电商平台。[3]

(三) 社交网络与社交媒体市场

在社交网络与社交媒体细分市场,经营者提供社交媒体产品与服务。社交媒体产品与服务包括社交网络平台、通信平台、媒体平台等。这类平台的创设宗旨在于通过促进内容与信息在线共享、创建、交流的方式吸引广大用户。[4]

(四) 移动应用商店市场

移动应用商店是指能够使软件开发者将软件应用程序配置

---

[1] House Judiciary Committee, Investigation of Competition in Digital Markets, 2020, p. 77.

[2] House Judiciary Committee, Investigation of Competition in Digital Markets, 2020, p. 84.

[3] House Judiciary Committee, Investigation of Competition in Digital Markets, 2020, p. 85.

[4] House Judiciary Committee, Investigation of Competition in Digital Markets, 2020, p. 88.

给移动设备用户的数字商店,而移动应用程序是指为能够在移动设备上使用而予以优化的标准化软件。[1]在移动应用商店细分市场,用户可以通过移动应用商店较为便捷地搜寻、检索、安装、拆卸与评论软件应用程序,这既可以降低用户的搜寻成本,又可以确保用户的使用安全。[2]

(五) 移动操作系统市场

在移动操作系统细分市场,经营者所供给的移动操作系统(OS)能够为移动设备提供其基本功能(譬如,用户界面、运动命令、按钮控件),并优化该类设备的功能操作(譬如,麦克风、相机与 GPS)。具体而言,移动操作系统是移动设备硬件(譬如,智能手机、平板电脑)与在此类设备上运行的应用程序(譬如,电子邮件、流媒体应用程序)之间的接口。[3]

(六) 数字地图市场

在数字地图细分市场,经营者所提供的数字地图可为用户提供物理世界的虚拟地图。数字地图的用户分为两类:一类用户是使用数字地图进行导航的消费者,另一类用户是使用基础的地图数据库与设计工具来生产自定义地图的企业。随着智能设备的普及化,数字地图已经成为用户与企业的重要资源。[4]

(七) 云计算市场

云计算是指经由互联网按需启用的远程存储与软件程序服

---

[1] House Judiciary Committee, Investigation of Competition in Digital Markets, 2020, p.93.

[2] 陈永伟:《美国众议院〈数字市场竞争状况调查报告〉介评》,载《竞争政策研究》2020年第5期。

[3] House Judiciary Committee, Investigation of Competition in Digital Markets, 2020, p.100.

[4] House Judiciary Committee, Investigation of Competition in Digital Markets, 2020, p.107.

务。[1]依据交付模式的区分标准,云计算可被细分为 IaaS(基础设施作为服务)、PaaS(平台作为服务)、SaaS(软件作为服务)等;在云计算市场上,参与主体包括基础设施的供给主体与第三方软件供给主体。[2]

(八)语音助手市场

用户可以借助语音助手的帮助,通过发送语音方式直接针对计算设备施行交互式操作。譬如,用户已经可以经由语音助手的帮助,要求电子设备播放早间新闻或发起电话会议。在语音助手与智能扬声器相互结合使用的情形下,语音助手还扮演互联网网关的角色。此外,语音助手还可被用于联结其他智能设备,这类设备包括照明器、恒温器、安全监控器、厨房设备等。在语音助手细分市场领域,虽然早期出现的语音助手属于手机应用程序,但现在其已经被集成应用到汽车、房屋以及其他相关设备中。[3]

(九)网络浏览器市场

就功能属性而言,在网络浏览器细分市场,经营者所供给的网络浏览器是一种从互联网检索与显示页面的软件。网络浏览器的核心部件是浏览器引擎(亦被称为"布局引擎"或"渲染引擎")。浏览器引擎的功能是将网络服务器上被托管的内容转换为人们可以与之进行交互操作的图形描述。网络浏览器的功能是解释网页内含的控制代码,而这些控制代码指示数据的结构(例如,项目的开始与终结)以及将其呈现给用户的方式

---

[1] House Judiciary Committee, Investigation of Competition in Digital Markets, 2020, p. 109.

[2] 参见陈永伟:《美国众议院〈数字市场竞争状况调查报告〉介评》,载《竞争政策研究》2020年第5期。

[3] House Judiciary Committee, Investigation of Competition in Digital Markets, 2020, p. 120.

(例如，标题、段落、列表或嵌入的图像）。一般而言，人们可以通过网络浏览器实施大多数在线活动。[1]

(十) 数字广告市场

在数字广告细分市场，数字广告主要包括搜索广告与展示广告等类型。在搜索引擎、社交网络等行业领域，网络平台企业一方面通过免费提供平台服务的方式吸引用户，另一方面又通过"在用户使用平台服务时向其展示广告"的方式来获得广告收益。[2]

二、数字经济相关市场基本属性

与传统经济相关市场相比较，数字经济相关市场呈现以下独特的基本属性：其一，平台市场呈现双边与多边市场属性；其二，用户呈现单归属与多归属的二元属性；其三，超大型数字平台企业承担"守门人"角色。

(一) 平台市场呈现双边与多边市场属性

依据我国国务院反垄断委员会《关于平台经济领域的反垄断指南》第2条第1项规定，互联网平台是指通过网络信息技术，使相互依赖的双边或者多边主体在特定载体提供的规则下交互，以此共同创造价值的商业组织形态。数字市场的关键特征之一就表现为：这类市场通常具有互联网平台市场的表现样态，也就是说，数字市场通常具有双边、多边市场的属性。[3]举例而言，在易趣平台，该平台向经营性卖家与私人卖家开放，卖家

---

[1] House Judiciary Committee, Investigation of Competition in Digital Markets, 2020, p. 126.

[2] Monopolkommission, Wettbewerbspolitik: Herausforderung digitale Märkte, Sondergutachten 68, Bonn, im Juni 2015, S. 11.

[3] Bundeskartellamt, Big Data und Wettbewerb, Schriftenreihe „Wettbewerb und Verbraucherschutz in der digitalen Wirtschaft", Oktober 2017, S. 5.

第一章 数字经济相关市场界定方法与竞争态势 ◇

在该平台上经由拍卖或固定价格的方式销售商品。又如,亚马逊公司通过运营其所属的在线销售平台,为巨量的卖方、买方主体提供交易场所,独立于亚马逊公司的卖方主体可以经由亚马逊平台将其商品销售给买方主体。[1]除此以外,谷歌搜索引擎（Google）与微软公司所属的必应搜索引擎（Bing）也属于平台市场的组成部分。在这类搜索引擎所属的平台市场中,市场一边提供搜索查询服务,另一边提供广告投放服务。[2]事实上,平台市场并非数字经济的特有现象,在传统经济领域已经产生诸多平台市场或准平台市场。例如,银行通过提供信用卡服务,在独立的卖方主体与潜在的买方主体之间建构关联关系,形成交易平台态势。又如,报社通过发行报纸的方式,将在报纸上投放广告的产品经营者与潜在的产品购买者相互链接,这也形成一种初始形态的平台市场。[3]

与单边市场竞争机制相比较,双边或多边市场的竞争机制具有以下显著特征:"平台一边的价格或者质量的变化会影响其他边的消费效果。"[4]举例而言,搜索引擎平台属于双边市场,一边为搜索引擎服务市场,另一边为网络广告市场。在搜索引擎服务市场,搜索用户使用自身的"用户数据"与搜索引擎平台企业的"搜索结果数据"进行交换;而在网络广告市场,投放广告的经营者以金钱方式购买搜索引擎平台企业的广告显示空间。搜索引擎服务市场的用户数与网络广告市场的广告投放

---

[1] Bundeskartellamt, Hintergrundpapier, Vertikale Beschränkungen in der Internetökonomie, Tagung des Arbeitskreises Kartellrecht, 10. Oktober 2013, S. 19.

[2] Bundeskartellamt, Hintergrundpapier, Vertikale Beschränkungen in der Internetökonomie, Tagung des Arbeitskreises Kartellrecht, 10. Oktober 2013, S. 19.

[3] Bundeskartellamt, Hintergrundpapier, Vertikale Beschränkungen in der Internetökonomie, Tagung des Arbeitskreises Kartellrecht, 10. Oktober 2013, S. 19.

[4] 韩伟:《迈向智能时代的反垄断法演化》,法律出版社2019年版,第5页。

数之间存在正相关联系。[1]

此外，网络平台企业在数字经济相关市场的盈利渠道日趋多元化与层级化。譬如，迄今为止视频领域业已进入"多屏幕"时代，此处所述的"多屏幕"包括智能手机、电视/智能电视、电脑/平板、VR（虚拟现实）、影院银幕等。在"多屏幕"时代，网络平台企业在视频领域开发出以下多元化的盈利渠道：①广告投放；②付费观看；③电商带货；④电影/动漫制作；⑤直播；⑥线下娱乐活动。[2]

（二）用户呈现单归属与多归属的二元属性

数字经济领域的投资与创新可以构成经济增长的强大引擎，并可促进以前不存在的创新模式与商业模式的涌现与发展，从而在全球范围内产生积极的外部性效应。[3]总括而言，数字经济商业模式的成功取决于所谓"4C"要素的全面整合，"4C"要素包括场景（Context）、社区（Community）、内容（Content）和联系（Connection）。[4]其中，确保网络平台用户的多归属性是实现"4C"要素全面整合目标的关键环节。

在数字经济相关市场，网络平台用户既可能具有单归属性质，又可能具有多归属性质。从强化市场竞争机制视角分析，如果网络平台用户具有多归属性质，也就是说，用户可以并行使用多个同质化或相关联的网络平台，那么这无疑有利于强化

---

[1] Körber, Torsten, Marktabgrenzung und Marktbeherrschung in der digitalen Ökonomie, Vortag zur Sitzung des Arbeitskreises Kartellrecht am 1. Oktober 2015, S. 2.

[2] 马文彦：《数字经济2.0：发现传统产业和新兴业态的新机遇》，民主与建设出版社2017年版，第170页。

[3] Common Understanding of G7 Competition Authorities on "Competition and the Digital Economy", Paris, 5th June, 2019, p. 3.

[4] 马文彦：《数字经济2.0：发现传统产业和新兴业态的新机遇》，民主与建设出版社2017年版，第9页。

第一章 数字经济相关市场界定方法与竞争态势 ◇

网络平台企业之间的有序竞争。如果用户仅能使用一个网络平台，而不能并行使用其他同质化或相关联的网络平台，那么就会导致网络平台领域出现"竞争瓶颈"。[1]在数字经济相关市场，用户多归属性的形成主要取决于以下因素：其一，头部平台企业实施的不予直链、拒绝开放API、"二选一"等拒绝平台互联互通行为是否依法得到有效遏制与消除；其二，用户需要承担的平台转换成本；其三，用户使用平台是否需要承担固定成本。[2]

（三）超大型数字平台企业承担"守门人"角色

不容忽视的是，只有在数字市场保持竞争态势的前提下，数字经济衍生的正面效用才能得到最大程度发挥。[3]由于超大型数字平台企业（譬如，亚马逊、苹果、脸书、谷歌等）已经控制数字经济领域配置资源的关键渠道，因而这类企业已经客观上承担起数字经济领域的"守门人"角色。海量的企业需要依靠超大型数字平台企业控制的关键渠道来接触客户与进入市场，而海量的消费者及其他用户亦需要借助超大型数字平台企业控制的关键渠道来对接产品、服务的供给企业。[4]如果超大型数字平台企业拒绝其他企业使用其掌控的关键渠道，那么其他企业将陷入举步维艰的境地，其竞争生存、发展空间将受到极大挤压。就全球范围而言，超大型数字平台企业滥用"守门人"角色排除、限制竞争的行为已经引起作为三大反垄断法域

[1] Monopolkommission, Wettbewerbspolitik: Herausforderung digitale Märkte, Sondergutachten 68, Bonn, im Juni 2015, S. 37.

[2] Monopolkommission, Wettbewerbspolitik: Herausforderung digitale Märkte, Sondergutachten 68, Bonn, im Juni 2015, S. 37.

[3] Common Understanding of G7 Competition Authorities on "Competition and the Digital Economy", Paris, 5th June, 2019, p. 3.

[4] House Judiciary Committee, Investigation of Competition in Digital Markets, 2020, p. 39.

的美国、欧盟以及我国立法、执法、司法机关的关注。譬如，依据美国众议院司法委员会的观点，在美国数字经济相关市场，超大型数字平台企业利用其"守门人"角色实施的反竞争行为越来越系统化，亟需予以规制。[1]

三、数字经济相关市场界定方法

基于国务院反垄断委员会《关于平台经济领域的反垄断指南》第2条规定，平台经营者是指"向自然人、法人及其他市场主体提供经营场所、交易撮合、信息交流等互联网平台服务的经营者"；平台内经营者是指"在互联网平台内提供商品或者服务的经营者"；而平台经济领域经营者包括"平台经营者、平台内经营者以及其他参与平台经济的经营者"。本书以下内容所述的"网络平台企业"主要指称平台经营者，但其外延亦包含平台内经营者。

在数字经济相关市场，平台经营者与平台内经营者的界限并非泾渭分明。举例而言，迄今为止，作为全球最大的五家网络平台企业的 GAFAM 公司（谷歌、亚马逊、脸书、苹果与微软）的总市值超过4.5万亿欧元。以 GAFAM 公司为代表的大型及超大型网络（数字）平台企业不但属于平台经营者范畴，而且也具有平台内经营者的属性。它们一方面在所掌控的底部生态平台扮演平台经营者与治理者的角色，另一方面又在所属平台内部向用户提供旗下产品、服务，参与平台内部的市场竞争，因而它们又符合平台内部经营者与竞争者的定位。[2]

---

[1] House Judiciary Committee, Investigation of Competition in Digital Markets, 2020, p. 40.

[2] BMWi, Digitale Plattformen, https://www.bmwi.de/Redaktion/DE/Artikel/Digitale-Welt/digitale-plattformen.html, besucht am 18. 02. 2021.

第一章 数字经济相关市场界定方法与竞争态势

依据我国《反垄断法》第 12 条，相关市场是指经营者在一定时期内就特定商品或者服务进行竞争的商品范围和地域范围。依据国务院反垄断委员会《关于相关市场界定的指南》第 3 条的规定，相关市场是指经营者在一定时期内就特定商品或者服务（以下统称"商品"）进行竞争的商品范围和地域范围；相关商品市场，是根据商品的特性、用途及价格等因素，由需求者认为具有较为紧密替代关系的一组或一类商品所构成的市场；相关地域市场，是指需求者获取具有较为紧密替代关系的商品的地理区域。

国家市场监督管理总局在 2020 年起草并公布的《关于平台经济领域的反垄断指南（征求意见稿）》第 4 条曾经包含如下变通规定："对于平台经济领域经营者之间达成的固定价格、分割市场等横向垄断协议，以及固定转售价格、限定最低转售价格的纵向垄断协议，反垄断执法机构在违法性认定上可不明确界定相关市场。"不过，国务院反垄断委员会《关于平台经济领域的反垄断指南》中并未植入前述变通规定，该《指南》第 4 条第 3 项明确申明："坚持个案分析原则，不同类型垄断案件对于相关市场界定的实际需求不同。调查平台经济领域垄断协议、滥用市场支配地位案件和开展经营者集中反垄断审查，通常需要界定相关市场。"

依据国务院反垄断委员会《关于相关市场界定的指南》第 4 条规定，界定相关市场主要从需求者角度进行需求替代分析；当供给替代对经营者行为产生的竞争约束类似于需求替代时，也应考虑供给替代。依据国务院反垄断委员会《关于平台经济领域的反垄断指南》第 4 条第 1 项规定，平台经济领域相关商品市场界定的基本方法就是替代性分析；具体而言，可以根据平台一边的商品界定相关商品市场；也可以根据平台所涉及的多边商品，分别界定多个相关商品市场，并考虑各相关商品市场之间的相互关系和影响。当该平台存在的跨平台网络效应能够给平台经营者施加足够的竞争约束时，可以根据该平台整体界定相关商品市场。依据国务院反垄断委员会《关于平台经济领域的反垄断指南》第4条第2项规定，平台经济领域相关地域市场界定同样采用需求替代和供给替代分析。在个案中界定相关地域市场时，可以综合评估考虑多数用户选择商品的实际区域、用户的语言偏好和消费习惯、相关法律法规的规定、不同区域竞争约束程度、线上线下融合等因素。

囿于研究视角，传统假定垄断者测试方法在平台市场（例如互联网平台市场）的适用遭遇重大障碍。由于传统假定垄断者测试方法是基于单边市场视角而逐步发展起来的相关市场界定方法，因而它只能适用于界定双边或多边平台市场中的一边市场，其适用前提是在该边市场中"产品价格的上升与销售额度的下降具有直接关联性"，而另一边或另外多边市场不受价格上升行为影响。所以该方法并不适宜精准界定完整的双边或多边平台市场。[1]

举例而言，假设在关于房地产交易的双边平台市场框架下，以交易平台企业为中介，房地产供应商与购买者分别构成双边市场的一边参与方。如果房地产交易平台企业将向处于一边市场的房地产供应商收取的交易费用提高10%，而这将导致5%房地产供应商放弃使用该交易平台，那么依据传统假定垄断者测试方法，只要房地产交易平台企业向另一边市场房地产购买者收取的平台使用费用维持不变，交易平台的另一边房地产购买者市场应当不受前述提高费用行为影响。然而，实际情形是，

---

[1] 陆伟刚、张昕竹：《双边市场中垄断认定问题与改进方法：以南北电信宽带垄断案为例》，载《中国工业经济》2014年第2期。

第一章 数字经济相关市场界定方法与竞争态势 ◇

如果房地产交易平台企业提高向房地产供应商收取的费用，不但会导致该边市场供应者数量的下降，而且由于网络平台效应，一边市场供应者数量的下降还会降低交易平台对于另一边市场购买者的吸引力，进而导致另一边市场房地产购买者数量的下降，而房地产购买者数量的下降将进一步导致同一平台房地产供应商数量的下降，从而形成基于房地产交易平台的恶性循环。在这一情形下，房地产交易平台企业的上述提价行为将给该平台企业造成实质意义上的损失，但如果依据假定垄断者测试方法进行评估，却将推导出过高估计交易平台企业提价行为获利性的错误结果。[1]

为了弥补传统假定垄断者测试方法在双边平台市场适用的理论缺陷，以拉珀·菲利史崔奇（Lapo Filistrucchi）、达米安·格拉丁（Damien Geradin）为代表的部分学者对于传统的假定垄断者测试方法进行理论重构与内容更新。依据这些学者的观点，革新后的假定垄断者测试方法应当将双边市场的特征作为参考因素，尤其是应当分析间接网络效应的影响。[2]例如，依据间接网络效应影响方式的不同，双边平台市场可以细分为非交易型双边市场与交易型双边市场两种类型。基于革新后的假定垄断者测试方法，在非交易型双边市场，应当审查在任何一边市场中提价行为所产生的获利可能性；而在交易型双边市场，则应当审查两边市场同时提价行为所产生的获利可能性。[3]

虽然以拉珀·菲利史崔奇为代表的学者革新了传统假定垄

---

[1] Bundeskartellamt, Arbeitspapier-Marktmacht von Plattformen und Netzwerken, Az. B6-113/15, 2016, S. 44 f.

[2] Bundeskartellamt, Arbeitspapier-Marktmacht von Plattformen und Netzwerken, Az. B6-113/15, 2016, S. 45.

[3] Bundeskartellamt, Arbeitspapier-Marktmacht von Plattformen und Netzwerken, Az. B6-113/15, 2016, S. 45.

断者测试方法，使其在一定程度上可以界定双边乃至多边视角下的相关市场，但是这一革新仍旧存在明显理论瑕疵。从实证角度分析，在双边平台市场或多边平台市场框架下，其中一边市场可能是非经济意义市场，也就是说，这一市场的参与主体并不需要向平台企业支付经济意义上的价金，他们为使用平台而需要支付的对价就是自身对于平台的关注度或其他非经济成本。[1]例如，在谷歌搜索引擎双边平台市场框架下，在涉及搜索服务的一边市场，谷歌公司通过提供免费搜索服务的方式而获取搜索服务使用者的关注度，在涉及商业广告投放的另一边市场，谷歌公司通过获取的搜索服务使用者关注度来吸引商业企业的广告投放，进而获得经济利润。在这种情形下，由于在涉及搜索服务的一边市场中不可能存在提价行为，所以假定垄断者测试方法无法被用于界定该非经济意义的相关市场。为了消除这一应用限制，在界定非经济意义的相关市场时，就有必要将假定垄断者测试方法固有的"提升价格行为"量化指标置换为"降低服务质量行为"或其他可观察与可测量的量化指标。[2]

虽然假定垄断者测试方法的表现形式为量化的经济学测试方法，但是它在本质上提供了一种全新的搜集、审视与廓清企业产品之间竞争证据的反垄断法理论框架与分析范式。基于这一分析范式，欧美反垄断执法与司法机关可以使用清晰的量化标准评估企业市场力与市场竞争的受限制状况。[3]因此，假定

---

〔1〕 陆伟刚、张昕竹：《双边市场中垄断认定问题与改进方法：以南北电信宽带垄断案为例》，载《中国工业经济》2014年第2期。

〔2〕 Bundeskartellamt, Arbeitspapier-Marktmacht von Plattformen und Netzwerken, Az. B6-113/15, 2016, S. 46.

〔3〕 Thanh Nguyen, Defining Relevant Market Under the European Union Competition Law-Regulations and Practice and Experience for Vietnam, http://ssrn.com/abstract=2069995, 2012, p. 19, Stand: 01.01.2017.

垄断者测试方法在欧美执法与司法机关判定企业市场力与界定相关市场过程中发挥关键作用。

在借鉴欧美模式的基础上，我国广东省高级人民法院在2013年"奇虎诉腾讯滥用市场支配地位行为案"判决中创新性使用了假定垄断者测试方法，但遗憾的是，该判决忽视了传统假定垄断者测试方法在界定双边相关市场与非经济意义市场时的理论局限性。迄今为止，虽然我国反垄断执法与司法机关在"上海食派士'二选一'垄断案"等典型案例中对适用假定垄断者测试方法界定相关市场进行有益探索，但是至今未能形成系统化与体系化的假定垄断者测试方法应用体系。

有鉴于此，我国应当借鉴前述欧美反垄断理论研究成果与实践经验教训，消弭与重构传统假定垄断者测试方法存在的理论困境、缺陷与适用瑕疵，并对我国处于发展初始期的假定垄断者测试方法应用体系进行系统性补充、修正与完善，逐步在数字经济及传统经济领域构建假定垄断者测试方法应用体系的革新路径。该项革新路径应当细分为以下四个层面：

（一）将假定垄断者测试方法确定为前置型服务相关市场的核心界定方法

与其他类型相关市场界定方法相比，假定垄断者测试方法在前置型服务领域的相关市场划分层面具有不可或缺的功用。所谓前置型服务领域是指最初供应商向分销商提供服务的市场领域，它是分销商向最终消费者提供服务市场领域的前置环节。例如，在以德国为代表的诸多欧洲国家，原先具有垄断地位的电话网络（Telefon-Festnetz）服务供应企业成为宽带网络服务垄断供应商，该企业向分销商有偿提供宽带网络服务资源（又称"比特流服务"）的市场领域即为前置型服务领域。宽带网络服务分销商又通过宽带接入服务将宽带网络服务有偿提供给最终消费者。[1]除了通过上述渠道获取网络服务以外，最终消费者还可以通过有线网络（Kabelnetz）获取网络服务。但有线网络服务运营商通常不将其服务提供给分销商，而是直接提供给最终消费者，因此并不存在关于有线网络服务的前置型服务市场。

由此引发的一个基本问题是——如果垄断企业宽带网络服务的提价行为会导致部分原先的消费者转而采用有线网络服务，那么在界定前置型宽带网络服务相关市场时，是否应当将有线网络服务作为市场内在变量予以考虑？依据传统的需求市场理念方法（Bedarfsmarktkonzept），由于不存在关于有线网络服务的前置型服务市场，宽带网络服务的分销商无法获得有线网络服务再提供给最终消费者，因而宽带网络服务与有线网络服务之间不具有可互换性，双方不属于同一前置型相关市场，但这一方法推导出的结果明显有悖于法律公正性与实践需求。由于在事实上最终消费者可以自由选择使用宽带网络服务与有线网络服务，因而如果武断否认有线网络服务作为前置型宽带网络服务相关市场的内在变量，就将导致过分限缩前置型宽带网络服务相关市场外延范围的后果，这将人为放大宽带网络服务垄断供应商在前置型市场的垄断支配力量，最终引发矫枉过正的反垄断规制结果。

而依据假定垄断者测试方法，由于宽带网络服务垄断供应商的提价行为将导致分销商被迫提价，最终迫使部分最终消费者因价格原因转而采用有线网络服务，所以垄断企业提价行为与最终消费者转向消费行为之间具有单向因果关联。由此，在满足假定垄断者测试方法临界数值标准的前提下，宽带网络服

---

[1] Fuchs/Möschel, GWB § 18 Marktbeherrschung, in: Immenga/Mestmäcker, Wettbewerbsrecht, 2014, Rn. 48.

第一章　数字经济相关市场界定方法与竞争态势 ◇

务与有线网络服务符合假定垄断者测试方法关于产品可替代性的推导逻辑,两者应归属同一前置型相关市场。[1]

基于上述,假定垄断者测试方法兼具界定前置型服务相关市场的适格性与针对性,它消弭了传统相关市场界定方法在界定前置型服务相关市场时的僵化封闭与脱离现实的弊端,因而应当被确定为我国该类相关市场的核心界定方法。

(二) 厘定搜集假定垄断者测试方法必需数据的实证路径

反垄断执法与司法机关适用假定垄断者测试方法的基本前提是掌握必需市场数据。如果缺乏搜集这类必需数据的有效实证路径,那么执法与司法机关要么将无从获取此类数据,要么将获取失真扭曲的相关数据,这将极大限制假定垄断者测试方法的适用范围,使该方法退化为缺乏实证基础的臆想型分析方法。

为了有效搜集必需数据,欧盟委员会在适用假定垄断者测试方法的执法实践中倾向采用社会调查统计的实证方法,并取得显著效果。该委员会制定了一系列标准问题,对于特定产品的消费者进行问询调查,进而将答复结果进行统计分析,最终形成适用假定垄断者测试方法所必需的数据信息。这些标准问题包括:①如果消费者所使用的特定产品价格长期提升5%~10%,该消费者是否会决定转而购买其他产品?②如果消费者决定转而购买其他产品,那么他(她)会选择哪一种具体类型的产品?③在消费者过往的消费经历中,是否真实发生过由于特定产品价格长期提升5%~10%而导致的转而购买其他产品事件?[2]

欧盟委员会搜集必需数据的实证路径立足于消费者需求替

---

[1] Fuchs/Möschel, GWB § 18 Marktbeherrschung, in: Immenga/Mestmäcker, Wettbewerbsrecht, 2014, Rn. 48.

[2] Friederiszick, Hans W., Marktabgrenzung und Marktmacht, http://ec.europa.eu/dgs/competition/economist/marktabgrenzung.pdf, S. 3, Stand: 10. 10. 2016.

代视角,它将经济学、社会学、法学方法有机融合,具有内容清晰与流程简单的优点,表现出较强的可操作性。出于这一原因,我国应当系统移植此种实证路径。这不但可以实现相关市场界定中客观定量分析与主观定性分析的有机结合,而且可以确保必需数据的真实性与权威性,同时为相关垄断企业提供范式指引,有利于它们通过社会调查方式进行商业行为的自律性反垄断合规审查。

(三)将"充分竞争"厘定为企业提价行为的必要前提条件

在假定垄断者测试方法框架下,假定垄断企业的提价行为缺乏严格的限制条件,导致所谓的"玻璃纸谬误"。该问题已经引起欧美法律界的关注。例如,尽管德国法律界人士普遍认为,假定垄断者测试方法是关于相关市场界定的一项辅助手段,但是他们也强调,如果不能确保产品或服务的终端价格是在竞争条件下生成的,那么以此价格为参考依据,将导致忽视或误判垄断企业价格策略潜在影响的错误,因此在此类情形下适用假定垄断者测试方法界定相关市场并不适宜。[1]

基于此,在假定垄断者测试方法框架下,应将"充分竞争"明晰厘定为企业提价行为的必要前提条件,从企业提价行为范畴中剔除垄断企业利用市场支配力而实施的价格策略行为,从而廓清与限定假定垄断者测试方法的适用界限。此外,基于假定垄断者测试方法的适用要求,在假定垄断企业提价情形下,还应进一步审查企业提价行为与消费者转向购买其他产品的行为之间是否具有单向、直接的因果关联。如果该转向消费行为的促成因素不仅包括垄断企业的提价行为,而且包括其他的经济、政治、社会因素,并且后者因素占据主导地位,那么就违

---

[1] Kühnen, GWB §18 Marktbeherrschung, in: Loewenheim/Meessen/Riesenkampff/Kersting/Meyer-Lindemann, Kartellrecht, 2016, Rn. 13.

第一章　数字经济相关市场界定方法与竞争态势　◇

反了假定垄断者测试方法关于提价行为与转向消费行为单向因果关联的理论预设，因而在这种情形下不适宜采用假定垄断者测试方法界定相关市场。

除上所述，在对经营者集中进行反垄断评估时，尤其是针对各自产品之间具有巨大利润率差异的经营者的集中行为进行评估时，应当严格限定假定垄断者测试方法的适用范围，并由反垄断执法或司法机关依据企业产品的性质、功能、消费者偏好、供给替代便捷性等参考指标综合考量，进而对于该测试方法的适用结果进行矫正与优化。

（四）构建开放与弹性的假定垄断者测试方法实施机制

欧美国家均构建了开放与弹性的假定垄断者测试方法实施机制。在该机制框架下，由反垄断执法与司法机关依据具体市场情形决定适用假定垄断者测试方法抑或其他相关市场界定方法。例如，在德国反垄断法适用领域，传统的需求市场理念方法在相关产品市场与相关地理市场的界定中仍然发挥关键作用。依据该方法的界定标准，如果基于市场相对方视角，满足一项特定需求的若干产品或服务由于其特性、经济使用目的与价格的相近性而被视为具有功能层面的可互换性，那么这些类型的产品或服务构成一个相关产品市场或相关地理市场。[1]而新兴的假定垄断者测试方法则被视为需求市场理念方法的新的演化类型，具有辅助该理念方法适用与弥补该理念方法缺陷的功能定位。虽然假定垄断者测试方法与传统需求市场理念方法均作为德国执法与司法机构界定相关市场的工具而获得实际应用，但在个案情形下，由这两种方法推导出的相关市场界定结果可能迥然不同。在两种方法出现适用结果冲突的情形时，德国法

---

〔1〕　Kühnen, GWB §18 Marktbeherrschung, in: Loewenheim/Meessen/Riesenkampff/Kersting/Meyer-Lindemann, Kartellrecht, 2016, Rn. 13.

院保留最终裁量权限。[1]

　　由于假定垄断者测试方法具有理论设定局限性与适用范围促狭性，因而我国应当借鉴欧美国家经验，在互联网平台经济领域避免形成封闭与刚性的假定垄断者测试方法实施机制，而应当构建开放与弹性的该测试方法实施机制。具体而言，一方面，我国反垄断理论与实务界人士应当从多维角度不断完善假定垄断者测试方法的测试模式、推导逻辑与参考变量，明晰区分非经济意义市场与经济意义市场，创设针对单边、双边、多边市场情形的多元化的假定垄断者测试方法新型变种，从而构建开放包容与自我演进的假定垄断者测试方法实施机制。另一方面，在我国相关市场界定框架下，假定垄断者测试方法与其他相关市场界定方法（例如，一般性需求替代方法、一般性供给替代方法）之间应当形成相互竞争与和谐共存的局面。基于此，反垄断执法与司法机关不但可以依据具体个案情形兼容适用假定垄断者测试方法与其他相关市场界定方法，而且也可以基于具体个案情形排他性适用假定垄断者测试方法抑或其他相关市场界定方法。

　　综上所述，基于欧美反垄断法研究视域，假定垄断者测试方法成为互联网平台经济领域相关市场界定的有效工具之一，但由于该方法的固有弊端与适用限制，它不应被视为全面与终局的相关市场界定工具。鉴于这一方法所面临的理论困境，我国应当在借鉴欧美模式的前提下，明确该方法的功能定位与适用范围，进一步革新与优化该方法的预设前提、推导逻辑与裁量标准。

---

[1] Klein, Thilo, "SSNIP-Test oder Bedarfsmarktkonzept?" LSK 2010, 070563.

第二节　数字经济相关市场竞争态势

竞争被视为创新、经营活力、企业家精神与"新产业的启动"的重要来源之一。[1]数字经济领域的激烈竞争不仅有助于促进技术创新与提升生产力，而且能够促使网络平台企业在隐私保护、数据保护等其他领域开展新的竞争。[2]与传统相关市场截然不同的是，数字经济相关市场的竞争强度（Wettbewerbsintensität）通常由直接与间接的网络效应所决定。而直接与间接网络效应又极易导致数字经济相关市场集中度升高，乃至出现寡头垄断、独占垄断状态。[3]由于这一原因，立法机关有必要修订相应的反垄断法律制度，以因应在数字经济相关市场出现的新型垄断问题与复杂竞争态势。

一、网络平台的类型化界分

网络平台服务以及其他不具平台特征的网络服务均具有以下两项关键属性：其一，这类服务使不同用户组之间相互链接；其二，在这类服务供给过程中，关于数据的搜集与分析行为发挥至关重要的作用。[4]在数字经济相关市场，网络平台企业属于核心类型的市场竞争参与主体。网络平台企业通过对平台用

---

[1] See also House Judiciary Committee, Investigation of Competition in Digital Markets, 2020, p. 46.

[2] House Judiciary Committee, Investigation of Competition in Digital Markets, 2020, p. 37.

[3] Monopolkommission, Wettbewerbspolitik: Herausforderung digitale Märkte, Sondergutachten 68, Bonn, im Juni 2015, S. 33.

[4] Bundeskartellamt, Hintergrundpapier, Digitale Ökonomie‐Internetplattformen zwischen Wettbewerbsrecht, Privatsphäre und Verbraucherschutz, Tagung des Arbeitskreises Kartellrecht, 1. Oktober 2015, S. 8.

户行为的正向跟踪、反向跟踪与深入分析,不仅能够开发出新型经营模式,而且可以对平台用户所生成的私人数据实施商业开发。[1]

在数字经济相关市场领域,网络平台企业所造成的价格不对称现象非常突出。具言之,在搜索引擎、移动即时通信、网络浏览器、云存储、视频播放器、文档查看器等行业领域,网络平台企业通常向平台一侧用户免费提供服务或仅收取少量费用,而通过在平台另一侧向企业用户收取广告费用的方式,抵消平台运营成本并盈利。[2]总括而言,网络平台基本类型包括内容型(Inhalte)、搜索型(Suche)、交易或经纪型(Handels-bzw. Vermittlungsplattformen)、通信网络型(Kommunikationsnetze)等。

(一)内容型网络平台

内容型网络平台提供特定的数字内容,它们包括在线新闻、音乐或电影等。虽然内容型网络平台企业可以通过对数字内容收费的方式获利,但它们主要收入来源是根据用户具体偏好进行广告投放而获得的收益。[3]

(二)搜索型网络平台

搜索引擎服务可被细分为通用型与专业型两类。用户在使用通用型搜索引擎服务时,可以通过输入某些搜索词的方式,在搜索结果中获得指向其他(内容型)网络平台的链接。譬如,提供通用型搜索引擎服务的网络平台包括百度与谷歌。而用户在使用专业型搜索引擎服务时,能够在搜索结果中获得特定类别的产品、服务、信息。譬如,提供专业型搜索引擎服务的域外网络平

---

[1] Bundeskartellamt, Hintergrundpapier, Digitale Ökonomie, S. 4.

[2] Monopolkommission, Wettbewerbspolitik: Herausforderung digitale Märkte, Sondergutachten 68, Bonn, im Juni 2015, S. 34.

[3] Bundeskartellamt, Hintergrundpapier, Digitale Ökonomie, S. 8.

台包括 idealo.de、Shopzilla、Kelkoo 或 Google Shopping 等。[1]对搜索型网络平台企业而言，其商业模式的核心要旨是"搜集与分析来自用户行为的数据"（das Sammeln und Analysieren von Daten aus dem Nutzerverhalten）。搜索型网络平台企业通过搜集与分析来自用户行为的数据，可以实现以下两项目标：其一，这类平台企业可以利用数据改善搜索结果，使搜索结果更加符合用户的兴趣与期望；其二，这类平台企业可以经由出售广告空间的方式，针对生成的用户数据进行经济性利用。[2]

（三）交易或经纪型网络平台

交易或经纪型网络平台企业将卖方主体与买方主体链接在一起，并提供交易中介服务。交易或经纪型网络平台可以细分为普适性与专业性两类。普适性的交易或经纪型网络平台是指几乎涵盖所有产品、服务门类的交易中介平台，其典型例子是亚马逊平台、易趣平台等。而专业性的交易或经纪型网络平台包括酒店预订平台、能源合同比价平台、保险中介平台等。[3]

（四）通信网络型网络平台

通信网络型网络平台通常亦具有社交媒体平台属性。通过这类网络平台，用户之间能够进行双向链接交流；此外，用户还可以在这类网络平台架构下的不同群组内进行链接交流。[4]通信网络型网络平台的用户群体不仅包括自然人，而且涵盖企业与机构。在盈利模式层面，通信网络型网络平台企业不仅可以通过收取会员费用的方式盈利，而且可以利用所生成的用户

---

[1] Bundeskartellamt, Hintergrundpapier, Digitale Ökonomie, S. 8 f.
[2] Bundeskartellamt, Hintergrundpapier, Digitale Ökonomie, S. 9.
[3] Bundeskartellamt, Hintergrundpapier, Digitale Ökonomie, S. 9.
[4] Bundeskartellamt, Hintergrundpapier, Digitale Ökonomie, S. 9.

数据,通过投放广告的方式获利。[1]

二、数字经济相关市场网络效应及其竞争影响

网络效应分为直接与间接两类。直接网络效应与网络规模存在紧密关联。具言之,在数字经济相关市场的直接网络效应是指,随着网络平台企业所提供服务的用户数量的递增,使用该平台服务的单个用户的使用效益亦相应递增。[2]一般而言,直接网络效应对于 Facebook、Instagram、Pinterest、Xing、Flickr、Skype、WhatsApp 等社交网络平台、即时通信平台而言至关重要。[3]间接网络效应是指,当在一个网络平台一侧的用户数量不断增加,那该网络平台另一侧的服务将更加具有吸引力。在数字经济双边、多边市场,间接网络效应发挥至关重要的作用。[4]

在数字经济相关市场,网络效应能够产生促进竞争或限制竞争的正反效果。

一方面,在一个数字经济相关市场,由于"先入为王"与"赢者通吃"效应,占据主导地位的网络平台企业将对大量用户产生黏附效应与锁定效果,这些用户考虑到前期沉淀成本与转换平台成本,通常不愿选择其他具有可替代性功能的平台。而新进入市场的用户通常亦会选择占据主导地位的网络平台企业。基于此,占据主导地位的中,网络平台企业可以利用网络效应不断维护、强化自身支配地位,进一步增强所在相关市场的集

---

〔1〕 Bundeskartellamt, Hintergrundpapier, Digitale Ökonomie, S. 9.
〔2〕 Monopolkommission, Wettbewerbspolitik: Herausforderung digitale Märkte, Sondergutachten 68, Bonn, im Juni 2015, S. 33.
〔3〕 Monopolkommission, Wettbewerbspolitik, S. 33.
〔4〕 Monopolkommission, Wettbewerbspolitik, S. 33.

中度,并制造相关市场准入壁垒。在极端情况下,这类占据主导地位的网络平台企业甚至可以控制关系到数字经济相关市场准入的"必要设施"(譬如,底部生态平台、大数据资源等)。[1]一言以蔽之,在数字经济相关市场中,网络效应尤其是间接网络效应有可能导致弱化市场竞争机制的后果。具言之,头部网络平台企业借助间接网络效应,可能呈现循环强化、愈来愈强的态势,这将导致相关市场呈现高度集中的寡头垄断、独占垄断态势。不过,需要明确的是,纯粹的间接网络效应并非必然导致弱化市场竞争机制的后果。[2]

另一方面,在特定情形下,网络效应亦可能在数字经济相关市场激发创新,并促进规模较小的企业或初创企业的发展。[3]然而,在若干网络平台企业具有显著市场力量之后,如果反垄断监管机关不对这类头部网络平台企业实施全面监管,那么这类平台企业将倾向于削弱数字经济中的创业与创新动力,从而损害整体国民经济与社会公共利益,其表现形式有二:其一,头部网络平台企业擅长通过模仿经营与兼并收购的方式消灭新生竞争对手,这将严重阻遏数字经济领域新兴企业的创设进程;其二,由于头部网络平台企业对数字经济相关市场的垄断态势,资本市场的投资主体通常不愿对小企业进行投资,因而小企业难以获得成长与发展所需的必要资金。[4]

---

[1] Vgl. Bundeskartellamt, Big Data und Wettbewerb, Schriftenreihe „Wettbewerb und Verbraucherschutz in der digitalen Wirtschaft", Oktober 2017, S. 5.

[2] Monopolkommission, Wettbewerbspolitik: Herausforderung digitale Märkte, Sondergutachten 68, Bonn, im Juni 2015, S. 35.

[3] Vgl. Bundeskartellamt, Big Data und Wettbewerb, Schriftenreihe „Wettbewerb und Verbraucherschutz in der digitalen Wirtschaft", Oktober 2017, S. 5.

[4] 陈永伟:《美国众议院〈数字市场竞争状况调查报告〉介评》,载《竞争政策研究》2020年第5期。

综上所述，创新不仅是竞争的重要因素，而且是经济发展的核心要素，而维护创新机制是反垄断法律制度内置的重要目标之一。譬如，我国国务院反垄断委员会《关于平台经济领域的反垄断指南》第1条就将"促进平台经济规范有序创新健康发展"厘定为该《指南》的制定目的之一。[1]该《指南》第3条还将"激发创新创造活力"确立为平台经济领域反垄断监管的基本原则之一。在数字经济相关市场，实现高度创新目标的基本前提是确保较低的市场准入门槛，从而确保市场的充分竞争与开放竞争态势。[2]

三、数据垄断表现样态及其规制路径

"数据"概念缺乏统一的定义。从狭义意义上分析，数据通常是指科学实验或测量的结果。从广义意义上分析，数据是指"任何信息"或"通常与存储于计算机的信息结合使用的信息表现形式"。[3]数据驱动的创新显著改变了数字经济本身。[4]传统意义上的1.0版本数字经济是以数字化为驱动的经济，而新兴的2.0版本数字经济是以数据化为驱动的经济；就本质意义而言，2.0版本数字经济亦可被视为数据经济，它涵盖所有类型

---

[1] 国务院反垄断委员会《关于平台经济领域的反垄断指南》第1条规定如下：为了预防和制止平台经济领域垄断行为，保护市场公平竞争，促进平台经济规范有序创新健康发展，维护消费者利益和社会公共利益，根据《中华人民共和国反垄断法》等法律规定，制定本指南。

[2] Monopolkommission, Wettbewerbspolitik: Herausforderung digitale Märkte, Sondergutachten 68, Bonn, im Juni 2015, S. 27.

[3] Competition Law and Data, Stand：10. 05. 2016, Gemeinsames Papier der Autorité de la concurrence und des Bundeskartellamtes zu Daten und Auswirkungen auf das Wettbewerbsrecht, p. 4.

[4] Common Understanding of G7 Competition Authorities on "Competition and the Digital Economy", Paris, 5th June, 2019, p. 3.

第一章 数字经济相关市场界定方法与竞争态势

的"因为数据信息可通过网络流动而产生的经济活动"。[1]

在工业经济转型为数字经济的时代背景下,数据已经成为与土地、资金、技术、劳动力并驾齐驱的市场要素与关键资源。2020年4月9日,新华社受权发布《中共中央、国务院关于构建更加完善的要素市场化配置体制机制的意见》。该项意见首次将"数据"与土地、劳动力、资本、技术等传统要素并列,并提出要加快培育数据要素市场。若要促使数据要素获得市场化与规范化的应用,首先就必须清晰厘定数据资源在私法意义上的权利属性。在现行域内外法律制度框架下,数据垄断行为之所以很难得到全面、周延、有效的规制,主要原因就是数据的权利属性依旧处于模糊不清状态。迄今为止,世界各国立法者尚未能清晰厘定数据产生者、控制者、使用者、分析者各自对数据资源具有何种权益。譬如,在德国法律制度框架下,只有少数类型的由经营者深度加工的数据资源可被认定为经营者的精神财产权客体,而其他类型的数据资源的权属并不清晰。

在数字经济领域,网络平台企业通过平台市场将不同类型的用户群体集聚在一起,并为用户提供搜索、信息、通信、交易等多元服务,而这类多元服务的供给通常在很大程度上与私人数据的被搜集与被移转相关联。[2] 由平台用户生成并经由网络平台企业所搜集的数据资源是数字经济得以驱动与发展的核心经济要素之一。譬如,在算法与人工智能开发领域,数据及

---

〔1〕 马文彦:《数字经济2.0:发现传统产业和新兴业态的新机遇》,民主与建设出版社2017年版,第285页。

〔2〕 Bundeskartellamt, Hintergrundpapier, Digitale Ökonomie – Internetplattformen zwischen Wettbewerbsrecht, Privatsphäre und Verbraucherschutz, Tagung des Arbeitskreises Kartellrecht, 1. Oktober 2015, S. 4.

其关联的网络效应能够发挥关键作用。[1]然而,在网络平台企业搜集与应用由平台用户所生成的数据资源过程中,立法、执法、司法机关亟需解决的法律问题是:在数据资源民事权属尚未细化厘清的前提下,"如何确保平台用户对自身数据资源行使自主权利"以及"何种主体应当对平台用户所属数据资源的使用与传播承担责任"。[2]

毋庸讳言,绝大多数网络平台企业均有系统化搜集与处理用户数据的行为。

从反垄断法视角分析,网络平台企业搜集与分析数据的行为能够显著影响数字经济相关市场竞争。具体而言,数据的搜集与分析行为可能在以下三个层面影响市场竞争态势:其一,数据是有助于提升网络平台企业市场力量的因素;其二,对于网络平台企业而言,数据能够提升市场透明度,从而更有利于不同的网络平台企业之间达成合作协议;其三,网络平台企业可能由于掌控关键数据资源而产生实施反竞争行为的动机。[3]

在数字经济领域,所有成功商业模式的设定根基均为"对用户而言具有吸引力的服务"。网络平台企业为了获得竞争优势,通常会大规模搜集用户数据。一方面,网络平台企业可以发掘与利用用户数据价值,以确保自身平台服务的有效供给;另一方面,网络平台企业还可以开发用户数据,开拓个性化广

---

〔1〕 Common Understanding of G7 Competition Authorities on "Competition and the Digital Economy", Paris, 5th June, 2019, p. 3.

〔2〕 Bundeskartellamt, Hintergrundpapier, Digitale Ökonomie – Internetplattformen zwischen Wettbewerbsrecht, Privatsphäre und Verbraucherschutz, Tagung des Arbeitskreises Kartellrecht, 1. Oktober 2015, S. 5.

〔3〕 Bundeskartellamt, Big Data und Wettbewerb, Schriftenreihe „Wettbewerb und Verbraucherschutz in der digitalen Wirtschaft", Oktober 2017, S. 6.

第一章 数字经济相关市场界定方法与竞争态势

告、大数据分析等新的经营领域。[1]在数字经济时代,数据资源的常态表现形式即为大数据(Big Data)。所谓大数据是"对人类行为和交流方面大量数据分析的统称"。[2]在数字经济相关市场,大数据资源客观上有助于提升市场透明度(Markttransparenz),并可以促进市场竞争态势;而买方主体通过对大数据资源的利用,可以缓解与卖方主体之间的信息不对称态势。[3]举例而言,买方主体通过使用旅行平台(例如 TripAdvisor)上的大数据资源,可以更加容易与科学地比较、评判各个旅游服务供给商所提供的服务,最终选择符合自身需求的旅游服务。而买方主体通过使用电子商务平台(例如易趣、亚马逊)上的大数据资源,可以更加迅捷与精准地发现契合自身需求的产品与服务。[4]然而,对于平台用户(企业用户与自然人用户)而言,其所拥有的"数字主权"(digitale Datensouveränität)不可侵犯。网络平台企业在搜集与使用平台用户的大数据资源时,应当确保不损害平台用户的"数字主权"。[5]

进一步而言,掌控大数据资源可能是构成网络平台企业市场力量的来源之一。在一个数字经济相关市场,获取海量数据资源抑或多元数据资源对于企业确保市场竞争力而言至关重要。当现有的头部网络平台企业已经掌握海量抑或多元数据资源,而最新进入这一相关市场的企业却无法搜集与购买同等数量或

---

[1] BMWi, Digitale Plattformen, https://www.bmwi.de/Redaktion/DE/Artikel/Digitale-Welt/digitale-plattformen.html, besucht am 18.02.2021.

[2] 马文彦:《数字经济 2.0:发现传统产业和新兴业态的新机遇》,民主与建设出版社 2017 年版,第 287 页。

[3] Bundeskartellamt, Big Data und Wettbewerb, Schriftenreihe „ Wettbewerb und Verbraucherschutz in der digitalen Wirtschaft ", Oktober 2017, S. 8.

[4] Bundeskartellamt, Big Data und Wettbewerb, S. 8.

[5] BMWi, Digitale Plattformen, https://www.bmwi.de/Redaktion/DE/Artikel/Digitale-Welt/digitale-plattformen.html, besucht am 18.02.2021.

同类大数据资源时，这一相关市场就存在准入壁垒。[1]

不容忽视的是，在数据驱动型的数字经济相关市场中，与在这类市场已经占据主导地位的大型网络平台企业相比较，规模较小的企业或初创企业可能并不具备搜集、处理同等规模大数据资源的能力。其原因在于，规模较小的企业或初创企业的用户数量较少，因而这类企业与用户之间存在较低联系频率与较少交易数量，由此导致这类企业难以搜集到可以与大型网络平台企业匹敌的大数据资源。基于此，占据主导地位的大型网络平台企业实质上获得了竞争对手难以撼动的"数据优势"（Datenvorsprung）地位。[2]

对于大型乃至超大型网络（数字）平台企业而言，它们为了维护与强化自身的市场地位，倾向于创建一个具有"自组织性"特征的自我主导与对外封闭的数字生态系统，在该类系统中消费者或企业用户被内化为系统的组成部分，而大型乃至超大型网络（数字）平台企业的任何竞争对手所提供的产品、服务则被排斥在该类系统之外。这类数字生态系统亦被称为"闭环系统"或"数字大平台"。[3]

如上所述，掌控特定大数据资源可能构成网络平台企业进入数字经济相关市场经营的必要前提。在此情形下，如果仅有一家网络平台企业掌控特定大数据资源，而其他网络平台企业不但无法自行搜集特定大数据资源，而且不能通过第三方渠道

---

[1] Competition Law and Data, Stand: 10.05.2016, Gemeinsames Papier der Autorité de la concurrence und des Bundeskartellamtes zu Daten und Auswirkungen auf das Wettbewerbsrecht, p. 11.

[2] Bundeskartellamt, Big Data und Wettbewerb, Schriftenreihe „Wettbewerb und Verbraucherschutz in der digitalen Wirtschaft", Oktober 2017, S. 7.

[3] 参见马文彦：《数字经济2.0：发现传统产业和新兴业态的新机遇》，民主与建设出版社2017年版，第286页。

第一章　数字经济相关市场界定方法与竞争态势 ◇

获取特定大数据资源,那么业已掌控特定大数据资源的这家网络平台企业就有义务以合理对价允许其他网络平台企业访问其大数据资源,否则就涉嫌构成滥用市场支配地位的垄断行为。[1]

依据德国联邦卡特尔局(Bundeskartellamt)的观点,需要根据个案情形具体判断:一家网络平台企业单独掌控大数据资源是否会产生反竞争问题。举例而言,在搜索引擎或电子商务相关市场,一家大型网络平台企业通过与用户的交易而搜集、整合大数据资源,并建构庞大的用户数据库,而这家平台企业的竞争对手尚未建构同等规模的用户数据库。在此情形下,如果这家大型网络平台企业的竞争对手能够继续从用户处不受阻碍地搜集、整合大数据资源,而用户亦可以自由决定将自身数据信息授权给前述大型网络平台企业的竞争对手使用,那么纵使前述大型网络平台企业排他性掌控与使用自身用户数据库,这一经营行为通常也不应构成滥用市场支配地位垄断行为。[2]

新兴数字技术的革新与发展虽然带来提高经济效率与增加社会公共利益的正面效应,但是也会带来潜在的国家安全风险与社会公共安全风险。举例而言,在数字经济背景下,传统经济行业的数字化进程逐步加速,数据驱动型的新兴经济行业层出不穷,而社会公众在日常工作与生活层面对数字产品与数字基础设施的依赖性与日俱增;在这一情形下,大数据资源系统保护的必要性、迫切性与重要性日益显现。[3]在互联网相关市

---

〔1〕 Bundeskartellamt, Big Data und Wettbewerb, Schriftenreihe „Wettbewerb und Verbraucherschutz in der digitalen Wirtschaft", Oktober 2017, S. 7.

〔2〕 Bundeskartellamt, Big Data und Wettbewerb, S. 7.

〔3〕 Reinhardt, Marc, Initiative D21 e. V. / Dr. Nikolai Horn, Capgemini, Datensouveränität als Bestandteil des Once-Only-2.0-Prinzips, https://initiatived21.de/app/uploads/2018/12/digital-gipfel_2018_datensouverntit_initiative-d21.pdf, S. 1, besucht am 29.05.2020.

场领域，由于垄断企业的自我持续强化导致市场集中度日益提升，因而由少数几家具有寡头垄断地位的网络平台企业占据大量由社会公众产生的大数据资源便成为常态化现象。少数几家寡头垄断网络平台企业甚至可能最终控制整个社会商务资源。这些海量大数据资源不仅具有极大的经济价值，而且直接涉及社会公共安全利益、国家安全利益与消费者隐私利益。基于维护社会公共利益、国家利益与个人权利视角，我国立法机关有必要修订现行《反垄断法》《网络安全法》以及其他法律法规，清晰厘定这类由社会公众产生的大数据资源的非私有属性，并授权特定监管部门实施常态化的数据要素市场监管行为，以确保大数据资源的收集、管理、分配、利用都符合社会公共利益的要求。

进一步而言，随着数字经济的发展，数据服务将成为社会公众日常不可或缺的生活服务类型之一。基于此，我国立法机关可以借鉴欧盟关于普遍经济利益服务（services of general economic interest）的法定保障模式，将与社会公众基本生存相关联的基本数据服务纳入公共产品范畴，确保任何人不能私自控制这类基本数据服务的日常供给，而应当由所有社会个体以经济上可承受的代价自由与平等地获取这类基本数据服务。如果经济弱势群体成员无法以经济上可承受的代价自由与平等地获得这种基本服务，作为社会公共利益代表的国家就应当主动实施介入措施，国家介入可分为以下两种途径：其一，由国家设立国有企业直接生产数据服务并免费提供相应基本数据服务；其二，通过国家监管与国家补贴方式，委托特定企业生产这些服务并以成本价提供给社会公众。

2016年，斯洛文尼亚制宪机关具有开创性地在《斯洛文尼亚宪法》中规定，水资源不是商品，而是由国家管理的公共资

第一章　数字经济相关市场界定方法与竞争态势

源,并且公民获得饮用水的权利是宪法基本权利。基于此宪法规定,水资源不能被商业化生产、运营与分配。[1]我国立法机关可以考虑借鉴斯洛文尼亚制宪机关的立法思路,将社会公众所产生的大数据资源厘定为非商品化的由国家监督与管理的公共资源。这类大数据资源的商业化利用不得损害社会公共利益,也就是说,它们只能基于社会公共利益视角被生产、分配与利用。

在全世界范围内,欧盟《通用数据保护条例》(GDPR)是迄今为止最为严苛的关于个人数据保护的法律文件。它所规制的数据领域不法行为范畴不仅涵盖数据垄断行为,而且亦涉及侵犯消费者权益行为。总体而言,欧盟《通用数据保护条例》是一个理想型的数据规制法律模板,但是该条例相关数据保护理念与义务设定过于超前,因而它并不符合我国及世界上绝大多数国家的数字经济发展现状。举例而言,欧盟实施《通用数据保护条例》之后,诸多中国企业、美国企业就停止了在欧盟内部市场的经营活动,其原因在于,这些企业在欧盟的数据合规成本远远大于盈利。因此,对于我国而言,近期立法机关或执法机关有必要在《数据安全法》架构下,从数据垄断规制角度制定相关数据保护条例或其他规范性法律文件,但是这类法律文件中关于数据保护义务与责任的设定标准不宜过高,尤其应当避免出现由于法律过度规制而扼杀处于初始发展阶段的数字经济的后果。

需要引起关注的是,在数字经济时代世界各国的利益同中存异,相互之间存在竞争关系与利益冲突。譬如,欧盟正寻求

---

[1] Berliner Wassertisch, Slowenien verankert das Menschenrecht Wasser in seiner Verfassung, http://berliner-wassertisch.info/projekte/ebi-wasser-ist-ein-menschenrecht/, besucht am 05.04.2020.

在制定国际数据流动与保护规则层面掌握主导权,并进而构建由欧盟主导的全球数字单一市场。欧盟已经在《通用数据保护条例》框架下与美国、日本、瑞士、加拿大等国订立"数据流动"适当性决议;依据这一协议约定,欧盟成员国和欧洲经济区(EEA)成员国以及美国、日本、瑞士、加拿大等国形成国际数据自由流动区域。"数据流动"适当性决议的签订无疑有助于参与协议国家的企业降低数据合规成本。然而,在国际数据流动与保护规则制定层面,以我国为代表的新兴国家与欧美等国家具有迥然不同的利益诉求。为了防范我国在将来成为数据跨境流动领域的"孤岛",我国政府一方面应当主动参与国际数据流动与保护规则的协商、交流、制定与修订进程,争夺国际规则制定话语权,尽快创设中国版本的国际数据流动与保护规则;另一方面应当依托既有本土跨境数据流动规制制度,通过与其他国家或国家联盟对等订立"数据自由流动"双边或多边协议的方式,建构与拓展以我国为主要参与方的世界性数据自由流动区域。

第二章 Chapter 2

网络平台企业新型垄断行为的特征、样态与规制

在数字经济领域，传统反垄断理念、方法与工具呈现局限性、滞后性与不匹配性特征。举例而言，由于数字经济快速发展的属性、多边市场以及零价格（免费）服务的影响，反垄断执法、司法机关在应用"相关市场界定""市场力量评估""竞争效果分析"等传统反垄断方法、工具时面临适用困境与革新需求；在此种态势下，反垄断执法、司法机关亟需对涉及竞争的非价格因素（譬如，质量、创新、消费者选择）予以更加细致入微的分析与评估，并引入新型反垄断理念、方法、工具，以更加有效地识别、归类与规制由网络平台企业实施的新型垄断行为。[1]

虽然由网络平台企业实施的新型垄断行为层出不穷，但这些新型垄断行为基本都可被归入传统的三大类型经济垄断行为范畴，即垄断协议行为，滥用市场支配地位行为，具有排除、限制竞争影响的经营者集中行为。需要引起关注的是，在我国《反垄断法》框架下，被禁止的网络平台企业滥用市场力行为仅包含滥用市场支配地位行为这一类型，而在德国 2021 年最新版

---

[1] Common Understanding of G7 Competition Authorities on "Competition and the Digital Economy", Paris, 5th June, 2019, p. 4.

本《反限制竞争法》（Das Gesetz gegen Wettbewerbsbeschränkungen，GWB）框架下，被禁止的网络平台企业滥用市场力行为包含以下三种类型：其一，网络平台企业滥用市场相对优势地位行为；其二，网络平台企业滥用市场支配地位行为；其三，具有显著跨市场竞争重要性的网络平台企业实施的滥用市场力量行为。

第一节　网络平台企业垄断协议的特征、样态与规制

依据我国《反垄断法》第13条第2款规定，垄断协议是指排除、限制竞争的协议、决定或者其他协同行为。国家市场监督管理总局《禁止垄断协议暂行规定》第5条进一步作出细化规定："垄断协议是指排除、限制竞争的协议、决定或者其他协同行为。协议或者决定可以是书面、口头等形式。其他协同行为是指经营者之间虽未明确订立协议或者决定，但实质上存在协调一致的行为。"在基本内容与本质属性层面，由网络平台企业达成、实施的平台经济领域垄断协议与传统经济垄断协议无异，但这类新型垄断协议的制定动因、实施机制通常与数字经济的新型技术、创新模式、特有资源之间存在紧密关联。

一、网络平台企业垄断协议的基本特征

垄断协议包括横向垄断协议与纵向垄断协议两类。垄断协议不仅可能导致产品价格上涨或质量下降，而且会通过消除竞争的方式遏制企业的创新动力，进而损害整体国民经济与消费者利益。[1]具言之，网络平台企业垄断协议亦被称为"平台经济领域垄断协议"，它既包括由网络平台企业达成、实施的呈现

---

[1] Vgl. Bundeskartellamt, Kartellverbot, www.bundeskartellamt.de, besucht am 14.02.2021.

传统形式的具有排除、限制竞争属性的协议、决定或者其他协同行为,又涵盖由网络平台企业通过数据、算法、平台规则或者其他新型技术方式达成、实施的具有排除、限制竞争属性的协同行为。对于网络平台企业垄断协议(平台经济领域垄断协议),国务院反垄断委员会《关于平台经济领域的反垄断指南》第5条规定如下:"平台经济领域垄断协议是指经营者排除、限制竞争的协议、决定或者其他协同行为。协议、决定可以是书面、口头等形式。其他协同行为是指经营者虽未明确订立协议或者决定,但通过数据、算法、平台规则或者其他方式实质上存在协调一致的行为,有关经营者基于独立意思表示所作出的价格跟随等平行行为除外。"

二、网络平台企业垄断协议的表现样态

在数据驱动型的数字经济相关市场,头部网络平台企业实施的典型垄断行为包括以下两种类型:其一,头部网络平台企业人为增加用户使用其竞争对手的技术或平台的难度,从而使其竞争对手无法从用户处获得相关数据资源;如果头部网络平台企业采用迫使用户与其签署"二选一"协议的方式,阻止用户使用其竞争对手的技术或平台,那么这类行为就涉嫌构成纵向垄断协议与滥用市场支配地位行为。其二,头部网络平台企业通过与第三方供给商订立排他性条款的方式,阻止竞争对手获得相关数据资源。[1]这类排除、限制竞争的行为涉嫌构成纵向垄断协议。

除上所述,在数字经济相关市场,网络平台企业实施的典

---

[1] Competition Law and Data, Stand: 10.05.2016, Gemeinsames Papier der Autorité de la concurrence und des Bundeskartellamtes zu Daten und Auswirkungen auf das Wettbewerbsrecht, p. 19.

型垄断协议形态还包括算法合谋。在一般意义上，算法可被理解为一系列简单或明确定义的操作，这类操作应当遵循一定的顺序被施行，以完成某些类型的任务或解决某些问题。[1]算法是数字化最重要的驱动因素之一，它是网络平台企业所具备的市场力量的重要评估指标。一般而言，任何一种软件都至少蕴含一种算法。从客观视角分析，网络平台企业通过利用算法，能够更具创新能力与更加富有效率地实施经营行为。具言之，网络平台企业可以利用算法优化既有产品或提供新的产品，这不仅能够强化市场竞争态势，而且可以增加消费者福祉。[2]然而，从反垄断监管视角分析，算法的不当应用亦可能产生排除、限制竞争的影响。举例而言，若干网络平台企业能够利用算法实现相互之间的合谋，以排除、限制竞争。[3]

基于横向垄断协议的规制视角，算法有可能在两方面产生损害竞争机制的负面影响。一方面，算法可能有助于强化网络平台企业之间既有合谋行为的稳定性；另一方面，算法可能直接导致网络平台企业之间达成新的合谋行为。[4]如果若干网络平台企业在使用相应算法之前已经达成、实施横向垄断协议，那么这些企业可以利用算法实施、监督或掩盖现存的横向垄断协议。相关的典型案例是"海报案"（Poster-Fall）。在该案中，若干公司已经在亚马逊英国市场上（auf dem Amazon UK Marketplace）达成关于销售海报的价格垄断协议；然后，参与价格垄断协议的企业通过使用各自定价软件的方式，确保自身遵循价

---

[1] Bundeskartellamt, Algorithmen und Wettbewerb, Schriftenreihe „Wettbewerb und Verbraucherschutz in der digitalen Wirtschaft ", Januar 2020, S. 1.

[2] Bundeskartellamt, Algorithmen und Wettbewerb, Januar 2020, S. 1.

[3] Bundeskartellamt, Algorithmen und Wettbewerb, Januar 2020, S. 1.

[4] Bundeskartellamt, Algorithmen und Wettbewerb, Januar 2020, S. 4.

格垄断协议的约定。[1]

基于纵向垄断协议的规制视角,算法亦可能产生损害竞争机制的负面影响。譬如,头部网络平台企业可能利用其强势地位迫使交易相对方主体达成涉及价格的纵向垄断协议;在此基础上,头部网络平台企业可以利用算法监督交易相对方主体的定价行为是否偏离由纵向垄断协议所约定的固定价格、最低价格;此外,价格调整算法(Preisanpassungsalgorithmen)的应用会产生固化与强化纵向价格垄断协议限制竞争影响的后果。[2]

三、网络平台企业垄断协议的规制范式

我国《反垄断法》第 13 条是规制横向垄断协议的专门性法条。该法条规定,禁止具有竞争关系的经营者达成下列垄断协议:①固定或者变更商品价格;②限制商品的生产数量或者销售数量;③分割销售市场或者原材料采购市场;④限制购买新技术、新设备或者限制开发新技术、新产品;⑤联合抵制交易;⑥国务院反垄断执法机构认定的其他垄断协议。该法所称垄断协议,是指排除、限制竞争的协议、决定或者其他协同行为。最高人民法院在 2018 年"裕泰案"再审裁定书〔(2018)最高法行申 4675 号〕中认为,《反垄断法》第 13 条第 2 款所规定的垄断协议的结果要件"排除、限制竞争"不但应当包含"排除、限制竞争效果",而且应当涵盖"排除、限制竞争可能性"。

国务院反垄断委员会《关于平台经济领域的反垄断指南》第 6 条第 1 款规定,具有竞争关系的平台经济领域经营者可能通过下列方式达成固定价格、分割市场、限制产(销)量、限制新技术(产品)、联合抵制交易等横向垄断协议:①利用平台

---

[1] Bundeskartellamt, Algorithmen und Wettbewerb, Januar 2020, S. 6.
[2] Bundeskartellamt, Algorithmen und Wettbewerb, Januar 2020, S. 6.

收集并且交换价格、销量、成本、客户等敏感信息;②利用技术手段进行意思联络;③利用数据、算法、平台规则等实现协调一致行为;④其他有助于实现协同的方式。

依据上述规定,如果相互之间具有竞争关系的网络平台企业相互协调它们之间在相关市场中的经营行为,并且这种协调行为的目的或效果是限制竞争,那么这种协调行为就涉嫌构成横向垄断协议。网络平台企业之间达成及实施的横向垄断协议具有隐蔽性与多元化的特征。值得注意的是,如果网络平台企业之间达成及实施的横向垄断协议涉及价格、生产数量、销售区域、客户组成等限制竞争内容,那么这类协议被视为"硬核卡特尔"(Hardcore-Kartelle)。由于这类协议通常具有严重的排除、限制竞争影响,因而它们一般不应获得反垄断豁免。[1]

我国《反垄断法》第 14 条是规制纵向垄断协议的专门性法条。该条规定如下,禁止经营者与交易相对人达成下列垄断协议:①固定向第三人转售商品的价格;②限定向第三人转售商品的最低价格;③国务院反垄断执法机构认定的其他垄断协议。国务院反垄断委员会《关于平台经济领域的反垄断指南》第 7 条第 1 款规定,平台经济领域经营者与交易相对人可能通过下列方式达成固定转售价格、限定最低转售价格等纵向垄断协议:①利用技术手段对价格进行自动化设定;②利用平台规则对价格进行统一;③利用数据和算法对价格进行直接或者间接限定;④利用技术手段、平台规则、数据和算法等方式限定其他交易条件,排除、限制市场竞争。

在数字经济相关市场,头部网络平台企业能够利用其在平台、渠道、算法、数据层面的影响力,通过技术手段、平台规

---

[1] Vgl. Bundeskartellamt, Kartellverbot, www.bundeskartellamt.de, besucht am 14.02.2021.

第二章 网络平台企业新型垄断行为的特征、样态与规制 ◇

则、数据和算法等方式，诱使或迫使交易相对人与其订立排除、限制竞争的纵向垄断协议；在此类纵向垄断协议实施过程中，头部网络平台企业亦能够借助技术手段监控、督促交易相对人履行协议的具体行为。譬如，如果头部网络平台企业发现与其订立纵向垄断协议的交易相对人没有依约履行，那么头部网络平台企业将在所属平台内针对交易相对人采取搜索降权、截断流量、技术屏蔽等手段，以迫使交易相对人履行纵向垄断协议。

基于域外借鉴的视角，由网络平台企业及传统企业实施的涉及价格控制的纵向垄断协议通常极易产生扭曲市场竞争机制的效果，因而这类行为受到域外反垄断执法机关的重点关注与审查。譬如，依据德国联邦卡特尔局的执法实践，纵向价格垄断协议构成纵向垄断协议的主要类型之一。在通常意义上，具有跨越欧盟成员国国境影响的这类垄断协议构成违反《欧盟运行条约》（TFEU）第101条第1款的"意图限制竞争行为"（bezweckte Wettbewerbsbeschränkung）。由于这类纵向价格垄断协议限制了作为协议一方主体的经营者（通常为买方经营者）自行设定商品销售价格的可能性，因而这类协议构成《纵向协议的集体豁免条例》（Gruppenfreistellungsverordnung für vertikale Vereinbarungen）第4a条所禁止的"核心限制竞争行为"（Kernbeschränkung）；基于此，这类协议通常不应获得豁免。[1]

---

[1] Bundeskartellamt, Hintergrundpapier, Vertikale Beschränkungen in der Internetökonomie, Tagung des Arbeitskreises Kartellrecht, 10. Oktober 2013, S. 20.

第二节 网络平台企业滥用市场力行为的特征、样态与规制

在传统经济领域，一家企业具有市场支配地位的典型表现是："该家企业由于缺乏竞争压力，因而能够在很大程度上独立于竞争对手与市场合作伙伴而实施经营行为。"在数字经济领域，一家企业具有市场支配地位的典型表现则是："该企业可以放弃创新行为，而不会影响其市场地位。"[1]

虽然数字化技术的应用在一定程度上促成了市场结果革新与竞争态势优化，但随着数字经济的深入迭代发展，由网络平台企业实施的滥用市场力行为日益引发各界关注，这类垄断行为不仅能够导致市场竞争机制的疲弱化与形骸化态势，而且会严重扼杀数字经济内置的创新机制。基于这一情形，欧盟委员会、美国联邦贸易委员会等域外竞争管理机构已经开启针对谷歌公司、脸书公司等超大型数字平台企业滥用市场力行为的反垄断调查、处罚、起诉程序。[2]我国国家市场监督管理总局亦针对阿里巴巴集团等超大型数字平台企业实施的"二选一"滥用市场支配地位行为作出行政处罚。

一、网络平台企业滥用市场力行为的基本特征

基于数字经济反垄断监管视野，一个不容忽视的事实是，众多平台相关市场的市场结构呈现日益集中化与垄断化趋势；其典型特征是，在单一的平台相关市场中，通常由一个具有领

---

[1] Körber, Torsten, Marktabgrenzung und Marktbeherrschung in der digitalen Ökonomie, Vortag zur Sitzung des Arbeitskreises Kartellrecht am 1. Oktober 2015, S. 4.

[2] Monopolkommission, Wettbewerbspolitik: Herausforderung digitale Märkte, Sondergutachten 68, Bonn, im Juni 2015, S. 31.

第二章　网络平台企业新型垄断行为的特征、样态与规制 ◇

先地位或支配地位的网络平台企业发挥关键性影响。[1]进一步而言，在数字经济领域，头部网络平台企业不仅能够在其初始经营的相关市场发挥核心影响力，而且会将其经营范围拓展到上游、下游以及其他的众多相关市场。以谷歌公司为例。谷歌公司不仅运营全世界最为重要的搜索引擎，而且还提供以下多元化的产品与服务：其一，用户数量最为庞大的视频平台（YouTube）；其二，获得广泛应用的互联网浏览器（Chrome）；其三，位居行业前列的电子邮件服务（Gmail）。[2]

近年来，关于滥用市场力行为的反垄断规制已经成为域内外执法实践、公众评论、政策讨论的焦点话题。以作为大陆法系翘楚的德国为例。针对大型国际技术巨头（譬如，英特尔、谷歌、高通、脸书）滥用市场力行为实施的规制流程受到德国法律、经济、政治等各界人士广泛关注，并且经常成为涉及反垄断法适用可能性与适用界限的议题的论争内容。[3]

综合而言，如果网络平台企业在双边或多边市场从事经营，并且企业用户与自然人群体均构成其平台服务的使用者群体，那么网络平台企业可以通过向自然人群体提供免费服务（如搜索引擎服务）的方式，搜集、整合与分析自然人群体所附带的数据资源与注意力资源。而网络平台企业进而可以凭借其数据资源与注意力资源的集聚与应用优势，通过引导企业用户投放广告等方式获取盈利。在此态势下，网络平台企业与自然人群

---

[1] Bundeskartellamt, Hintergrundpapier, Digitale Ökonomie – Internetplattformen zwischen Wettbewerbsrecht, Privatsphäre und Verbraucherschutz, Tagung des Arbeitskreises Kartellrecht, 1. Oktober 2015, S. 5.

[2] Bundeskartellamt, Hintergrundpapier, Digitale Ökonomie, 1. Oktober 2015, S. 5.

[3] Bundeskartellamt, Hintergrundpapier, Was kann und soll die kartellrechtliche Missbrauchsaufsicht? Tagung des Arbeitskreises Kartellrecht, 4. Oktober 2018, S. 4.

体之间不存在传统意义上货币模式的交易关系，而系存在"服务供给↔数据与注意力"的非货币交易模式。[1]

在"货币+非货币"双元模式交易框架下，网络平台企业滥用市场力行为呈现多维化与集成化态势。基于功能区分标准，网络平台企业分为匹配型与联结型两类。匹配型网络平台企业的功能是提供信息中介抑或交易中介服务，以促成市场供给与需求的匹配与契合。具言之，匹配型网络平台的深层作用是：在异质用户组之间无需进行交易的情形下，实现异质用户组之间的最佳匹配。[2]联结型网络平台企业的功能是提供技术联结渠道，以尽可能确保多边市场之间的顺畅互动。以上两类网络平台企业均属于市场多栖企业，它们能够通过控制平台、数据、算法的方式形成多维化与集成化的市场力量。这种市场力量不仅具有浸润与穿透多边市场的特征，而且能够通过用户锁定效应、杠杆效应、规模效应等数字经济效应而实现正向反馈的自我循环强化。譬如，即使一家网络平台企业在某一相关市场不具有市场支配地位，而仅仅具有相对优势地位，但由于该相关市场特定用户群体对这家平台企业在其他相关市场所提供产品与服务存在高度依赖性，因而这家平台企业可以通过统合使用多元市场力量的方式，在仅具有相对优势地位的这一相关市场锁定特定用户群体，迫使这类用户群体不能自由转换使用其他平台产品或服务。

---

[1] Vgl. Schweitzer, Heike/Haucap, Justus/Kerber, Wolfgang/Welker, Robert, Modernisierung der Missbrauchsaufsicht für marktmächtige Unternehmen, Endbericht, Projekt im Auftrag des Bundesministeriums für Wirtschaft und Energie (BMWi), Projekt Nr. 66/17, Abgabe: 29. August 2018, S. 8; Bundeskartellamt, Stellungnahme des Bundeskartellamtes zum Referentenentwurf zur 10. GWB-Novelle, Stand: 25. Februar 2020, S. 11.

[2] Bundeskartellamt, Arbeitspapier-Marktmacht von Plattformen und Netzwerken, Az. B6-113/15, Juni 2016, S. 22.

第二章　网络平台企业新型垄断行为的特征、样态与规制 ◇

在具有数据驱动型特征的数字经济相关市场，大数据资源能够对竞争机制产生至关重要的影响。一般而言，"大数据"（big data）是指从多种来源高速生成的大量不同类型的数据，对这类数据的处理与分析需要新型的与更强大功能的处理器与算法。[1]简而言之，大数据具有四项基本特征：高速（Velocity）、多样（Variety）、大量（Volume）与价值（Value）。[2]基于反垄断监管视角，大数据资源不但是构成头部网络平台企业市场力量的重要评价指标，而且它可以在网络效应的加持下，成为头部网络平台企业滥用市场力，维持与强化自身市场地位的重要工具。具言之，头部网络平台企业通过搜集与应用大数据资源，能够提升所提供服务的质量，从而吸引更多的用户。而头部网络平台企业又可以从数量递增的用户处搜集更加庞大的大数据资源，并经由应用这类资源的方式进一步提升服务质量，从而吸引数量更加庞大的用户。基于此，头部网络平台企业可以通过这种自我循环强化的效应，为竞争对手设置难以逾越的市场进入壁垒，进而通过滥用市场力的方式排除、限制竞争。[3]不容忽视的是，头部网络平台企业所搜集的大数据资源通常包含个人数据，而个人数据受到数据保护法律制度的保护；针对这类数据的搜集、处理、使用行为受到法定限制，不得侵犯用户的

---

[1] Competition Law and Data, Stand: 10.05.2016, Gemeinsames Papier der Autorité de la concurrence und des Bundeskartellamtes zu Daten und Auswirkungen auf das Wettbewerbsrecht, p.4.

[2] Competition Law and Data, Stand: 10.05.2016, Gemeinsames Papier der Autorité de la concurrence und des Bundeskartellamtes zu Daten und Auswirkungen auf das Wettbewerbsrecht, p.4.

[3] Bundeskartellamt, Hintergrundpapier, Was kann und soll die kartellrechtliche Missbrauchsaufsicht? Tagung des Arbeitskreises Kartellrecht, 4. Oktober 2018, S.12.

隐私。[1]

二、网络平台企业滥用市场力行为的表现样态

如果一家网络平台企业在一个相关市场获得市场支配地位，那么该家企业可能出于攫取垄断暴利的动机，采用非竞争性手段维护、强化在初始相关市场既有的市场支配地位，甚至将其在初始相关市场的支配力拓展到其他关联的相关市场。此处所述的"非竞争性手段"包括：①针对竞争对手设置市场准入壁垒；②在横跨多元相关市场领域应用其市场影响力。[2]依据域外反垄断实践，占据市场支配地位的企业可能利用自偏好（Selbstbevorzugung）、耦合（Kopplung）、排他性（Exklusivität）等工具，以维护与强化其既有的支配地位。[3]总体而言，由网络平台企业实施的滥用市场力行为呈现以下两项发展态势：

（一）行为类型呈现从单一层级向三层级演进趋势

就行为类型而言，网络平台企业施行的滥用市场力行为已从"滥用市场支配地位行为"单一层级转型为"滥用市场相对优势地位行为—滥用市场支配地位行为—滥用显著跨市场竞争影响力行为"并驾齐驱的三层级态势。其中，滥用市场支配地位行为构成滥用市场相对优势地位行为的"强化"形式，这两者均属于聚焦于单一相关市场的滥用市场力行为。滥用显著跨市场竞争影响力行为的发生则与数字经济时代由超大型数字平

---

[1] Competition Law and Data, Stand: 10.05.2016, Gemeinsames Papier der Autorité de la concurrence und des Bundeskartellamtes zu Daten und Auswirkungen auf das Wettbewerbsrecht, p. 5.

[2] Vgl. Bundeskartellamt, Hintergrundpapier, Was kann und soll die kartellrechtliche Missbrauchsaufsicht? Tagung des Arbeitskreises Kartellrecht, 4. Oktober 2018, S. 23.

[3] Vgl. Bundeskartellamt, Hintergrundpapier, Was kann und soll die kartellrechtliche Missbrauchsaufsicht? 4. Oktober 2018, S. 23.

第二章 网络平台企业新型垄断行为的特征、样态与规制

台企业构筑的自组织性"数字化生态系统"密切关联。

举例而言，在欧美数字经济市场领域，以 GAFAM 公司（谷歌、亚马逊、脸书、苹果与微软）为代表的超大型数字平台企业借助其控制的平台系统、人工智能与算法技术、大数据资源、注意力资源，逐步形成经营触角涉猎多边市场的单一企业的数字化生态系统。超大型数字平台企业通过塑造自组织性数字化生态系统的方式，能够借助网络效应、规模优势与聚合优势，持续固化与强化自身在多边市场的竞争优势，这势必导致多边市场集中度与垄断度正向反馈循环强化。此外，超大型数字平台企业在由其构筑的数字化生态系统框架下，能够经由限制平台间互操作性与数据可移植性等方式，促成数字化生态系统影响力在多边市场的外溢效应与统合效应，从而得以在其并不占据支配地位与相对优势地位的相关市场排除、限制竞争。

（二）滥用行为与其他类型垄断行为呈现嵌合与交融态势

在数字经济时代，传统反垄断法视野下的滥用市场力行为（例如，滥用市场支配地位行为）、垄断协议行为及具有排除、限制竞争影响的经营者集中行为之间的固有界限逐渐模糊。譬如，基于欧盟反垄断视野，如果一个占据市场支配地位的网络平台企业强迫交易伙伴签署排他性协议，要求交易伙伴不得与其竞争对手进行合作，那么该项行为既可能构成违反《欧盟运行条约》第 102 条的滥用市场支配地位行为，又可能构成违反《欧盟运行条约》第 101 条的垄断协议行为。[1]

进一步而言，网络平台企业在数字化生态系统的加持下，倾向于采取横跨多边市场的"拼图式"宏观经营策略。在此情

---

[1] See also Competition Law and Data, Stand: 10.05.2016, Gemeinsames Papier der Autorité de la concurrence und des Bundeskartellamtes zu Daten und Auswirkungen auf das Wettbewerbsrecht, p.19.

形下,滥用行为与其他类型垄断行为呈现嵌合与交融态势,它们均构成网络平台企业实施宏观经营策略的具体措施。譬如,处于下游市场的超大型数字平台企业可以首先通过经营者集中方式,控制处于上游市场的主要产品生产企业;之后,超大型数字平台企业可以利用其在上游市场的供给主导权,迫使下游市场的其他经营者以高昂价格获得其生产的上游市场低配产品,或者故意导致下游市场的其他经营者无法获得或无法及时获得其生产的上游市场产品,这将导致合并后的超大型数字平台企业在下游市场迅速扩大垄断优势,扭曲市场竞争机制。

三、网络平台企业滥用市场力行为的规制范式

在传统经济时代,反垄断执法机关借助市场界定、市场力量、支配地位滥用等概念,能够相对准确地评估相关市场的具体状态。这些概念性分析工具不仅能被应用于评估产品价格、数量受到的影响,而且可以被应用于评估产品质量、消费者选择、创新机制受到的影响。[1]在数字经济时代,反垄断执法机关在应用传统反垄断分析工具时面临若干实质性与程序性挑战。其中一项挑战是:在数字经济领域普遍存在各种类型的多边平台模式(multi-sided platform models);这类多边平台模式不仅包括提供相对简单的广告咨询的服务平台,而且涵盖二元属性的混合型平台,混合型平台的经营者一方面向其他经营者、个人用户提供搜索引擎、社交媒体等平台基础设施,另一方面也在自身平台基础设施中参与平台内市场竞争,提供与其他经营

---

〔1〕 Common Understanding of G7 Competition Authorities on "Competition and the Digital Economy", Paris, 5th June, 2019, p. 5.

第二章　网络平台企业新型垄断行为的特征、样态与规制　◇

者产品、服务相竞争的旗下产品与服务。[1]

譬如，亚马逊、易趣、Booking、HRS等提供在线中介服务的网络平台企业在电子商务交易领域发挥至关重要的作用。众多中小企业通过在线中介服务来销售其产品或服务。在线中介服务的优势之处在于，中小企业可以通过这类服务与大量客户取得联系；其弊端在于，使用在线中介服务的中小企业缺乏与其客户的直接关联，它们必须通过提供在线中介服务的网络平台企业来联系客户，由此提供在线中介服务的网络平台企业就可能滥用其市场力排除、限制竞争。[2]举例而言，作为混合型平台的亚马逊平台企业就可能在其所属平台基础设施内通过平台规则、技术手段等方式优待自身旗下产品与服务，同时歧视竞争对手的产品与服务。基于反垄断规制视角，这类由具有市场支配力量的网络平台企业实施的差别待遇行为具有排除、限制竞争的影响，因而它们涉嫌构成滥用市场支配地位行为。

在若干数字经济相关市场，由于巨大的直接、间接网络效应以及规模经济（范围经济）的影响，这类相关市场已经处于寡头垄断态势，并产生一般企业难以逾越的市场准入壁垒，从而导致市场竞争机制与创新机制呈现疲弱化与形骸化态势。[3]在此情形下，反垄断执法机关面临的棘手问题在于：如何有效发现、识别与规制头部网络平台企业实施的滥用市场力行为。一方面，这类头部网络平台企业偶尔会具有高度的动态性与创新能力；另一方面，这类企业又可能由于其强大的市场地位而

[1] Common Understanding of G7 Competition Authorities on "Competition and the Digital Economy", Paris, 5th June, 2019, p. 5.

[2] BMWi, Digitale Plattformen, https://www.bmwi.de/Redaktion/DE/Artikel/Digitale-Welt/digitale-plattformen.html, besucht am 18. 02. 2021.

[3] Common Understanding of G7 Competition Authorities on "Competition and the Digital Economy", Paris, 5th June, 2019, p. 4.

对其他企业与消费者造成威胁。[1]如果在一个数字经济相关市场存在极高的市场集中度,那么反垄断执法机关需要更加警惕地调查占据支配地位的企业是否实施了反竞争行为,以确保相关市场保持竞争属性。[2]

基于我国现行反垄断规制框架,针对"网络平台企业滥用市场支配地位行为"实施的"三步走"线性规制流程为:界定相关市场—推定或认定网络平台企业市场支配地位—认定网络平台企业实施"滥用"市场支配地位的行为。国家市场监督管理总局《关于平台经济领域的反垄断指南(征求意见稿)》第4条第3项曾经规定:对于平台经济领域滥用市场支配地位案件,相关市场界定通常是认定经营者滥用市场支配地位行为的第一步。在特定个案中,如果直接事实证据充足,只有依赖市场支配地位才能实施的行为持续了相当长时间且损害效果明显,准确界定相关市场条件不足或非常困难,可以不界定相关市场,直接认定平台经济领域经营者实施了垄断行为。然而,该变通规定并未被我国国务院反垄断委员会《关于平台经济领域的反垄断指南》采纳。我国国务院反垄断委员会《关于平台经济领域的反垄断指南》第三章前言规定如下:"认定平台经济领域的滥用市场支配地位行为,适用《反垄断法》第三章和《禁止滥用市场支配地位行为暂行规定》。通常情况下,首先界定相关市场,分析经营者在相关市场是否具有支配地位,再根据个案情况具体分析是否构成滥用市场支配地位行为。"基于此规定,我国反垄断执法机关在评估网络平台企业是否构成滥用市场支配

---

[1] Bundeskartellamt, Hintergrundpapier, Was kann und soll die kartellrechtliche Missbrauchsaufsicht? Tagung des Arbeitskreises Kartellrecht, 4. Oktober 2018, S. 4.

[2] Common Understanding of G7 Competition Authorities on "Competition and the Digital Economy", Paris, 5th June, 2019, p. 4.

第二章　网络平台企业新型垄断行为的特征、样态与规制

地位行为时，依旧必须采用经典的"三步走"线性规制流程。

如上所述，"市场支配地位存在与否"是认定网络平台企业是否构成滥用市场支配地位行为的必要前提。对于"市场支配地位"的概念界定，我国《反垄断法》第 17 条第 2 款规定如下："本法所称市场支配地位，是指经营者在相关市场内具有能够控制商品价格、数量或者其他交易条件，或者能够阻碍、影响其他经营者进入相关市场能力的市场地位。"[1]在评估市场支配地位层面，我国《反垄断法》既包含认定标准，又设置可以更加便捷化适用的推定标准。依据我国《反垄断法》第 18 条，认定一家网络平台企业或其他类型企业具有市场支配地位，应当依据下列因素：①该经营者在相关市场的市场份额，以及相关市场的竞争状况；②该经营者控制销售市场或者原材料采购市场的能力；③该经营者的财力和技术条件；④其他经营者对该经营者在交易上的依赖程度；⑤其他经营者进入相关市场的难易程度；⑥与认定该经营者市场支配地位有关的其他因素。[2]国家市场监督管理总局《禁止滥用市场支配地位行为暂

---

〔1〕　国家市场监督管理总局《禁止滥用市场支配地位行为暂行规定》第 5 条第 1 款亦作出如下相应规定：市场支配地位是指经营者在相关市场内具有能够控制商品或者服务价格、数量或者其他交易条件，或者能够阻碍、影响其他经营者进入相关市场能力的市场地位。

〔2〕　国务院反垄断委员会《关于平台经济领域的反垄断指南》第 11 条"市场支配地位的认定"包含以下关于认定或者推定网络平台企业市场支配地位的细化规定：反垄断执法机构依据《反垄断法》第 18 条、第 19 条规定，认定或者推定经营者具有市场支配地位。结合平台经济的特点，可以具体考虑以下因素：①经营者的市场份额以及相关市场竞争状况。确定平台经济领域经营者市场份额，可以考虑交易金额、交易数量、销售额、活跃用户数、点击量、使用时长或者其他指标在相关市场所占比重，同时考虑该市场份额持续的时间。分析相关市场竞争状况，可以考虑相关平台市场的发展状况、现有竞争者数量和市场份额、平台竞争特点、平台差异程度、规模经济、潜在竞争者情况、创新和技术变化等。②经营者控制市场的能力。可以考虑该经营者控制上下游市场或者其他关联市场的能力，阻碍、影响其他

行规定》第 13 条进一步规定:"认定两个以上的经营者具有市场支配地位,除考虑本规定第 6 条至第 12 条规定的因素外,还应当考虑市场结构、相关市场透明度、相关商品同质化程度、经营者行为一致性等因素。"我国《反垄断法》第 19 条规定了有下列情形之一的,可以推定经营者具有市场支配地位:①一个经营者在相关市场的市场份额达到二分之一的;②两个经营者在相关市场的市场份额合计达到三分之二的;③三个经营者在相关市场的市场份额合计达到四分之三的。有前款第 2 项、第 3 项规定的情形,其中有的经营者市场份额不足十分之一的,不应当推定该经营者具有市场支配地位。被推定具有市场支配地位的经营者,有证据证明不具有市场支配地位的,不应当认定其具有市场支配地位。

依据德国法律实践,如果一家网络平台企业不面临任何重大竞争或它与竞争对手相比具有优越的市场地位,那么这家网络平台企业可被认定为具有市场支配地位。在判定一家企业是否在一个相关市场具有市场支配地位时,德国反垄断执法机关与司法机关通常综合考察以下与竞争相关的指标:其一,这家企

经营者进入相关市场的能力,相关平台经营模式、网络效应,以及影响或者决定价格、流量或者其他交易条件的能力等。③经营者的财力和技术条件。可以考虑该经营者的投资者情况、资产规模、资本来源、盈利能力、融资能力、技术创新和应用能力、拥有的知识产权、掌握和处理相关数据的能力,以及该财力和技术条件能够以何种程度促进该经营者业务扩张或者巩固、维持市场地位等。④其他经营者对该经营者在交易上的依赖程度。可以考虑其他经营者与该经营者的交易关系、交易量、交易持续时间、锁定效应、用户黏性,以及其他经营者转向其他平台的可能性及转换成本等。⑤其他经营者进入相关市场的难易程度。可以考虑市场准入、平台规模效应、资金投入规模、技术壁垒、用户多栖性、用户转换成本、数据获取的难易程度、用户习惯等。⑥其他因素。可以考虑基于平台经济特点认定经营者具有市场支配地位的其他因素。

第二章 网络平台企业新型垄断行为的特征、样态与规制

业与其竞争对手各自的市场份额;其二,与竞争相关的资源(譬如,专利、生产设施、销售网络)的可使用性;其三,准备进入该相关市场竞争的企业面临的市场准入壁垒;其四,已经在该相关市场竞争的企业进行经营扩张受到的限制;其五,客户的转换成本;其六,作为市场交易相对方的买方主体的购买力。[1]

就商业模式而言,网络平台企业呈现迥异于传统企业形态的属性与特征。具言之,传统企业在货币模式交易关系框架下,经由提供商品与服务方式从用户处获得资金利益。而网络平台企业在"货币+非货币"双元模式交易框架下,经由提供商品与服务方式,不但从用户处获得资金利益,而且摄取用户的数据资源、注意力资源。由于这一原因,反垄断执法机关在评估网络平台企业是否具有市场支配地位时,有必要结合网络经济、数字经济的基本特征,增列新型评估指标与考察因素。基于此,国家市场监督管理总局《禁止滥用市场支配地位行为暂行规定》第11条规定如下:"根据反垄断法第18条和本规定第6条至第10条规定认定互联网等新经济业态经营者具有市场支配地位,可以考虑相关行业竞争特点、经营模式、用户数量、网络效应、锁定效应、技术特性、市场创新、掌握和处理相关数据的能力及经营者在关联市场的市场力量等因素。"需要注意的是,即使一家网络平台企业在一个数字经济相关市场占有极大市场份额或占据市场支配地位,如果这家网络平台企业没有实施滥用市场力量排除、限制竞争的行为,那么它也不构成滥用市场支配地位行为。

迄今为止,我国《反垄断法》仅仅规定单一类型的企业滥用市场力行为,即"滥用市场支配地位行为",而未将"滥用相对优势地位行为"纳入反垄断规制对象范畴。不过,依据德国

---

[1] Vgl. Bundeskartellamt, Missbrauchsaufsicht, www.bundeskartellamt.de, besucht am 14.02.2021.

《反限制竞争法》的规定，被禁止的企业滥用市场力行为不但包括滥用市场支配地位行为，而且涵盖滥用相对优势地位行为。具言之，如果一家网络平台企业不具有市场支配地位，但是其他企业（尤其是中小企业）对这家平台企业具有依赖性与附属性，那么这家平台企业可被视为具有强大市场力的企业。在此种情形下，如果这家平台企业滥用市场力排除、限制竞争，那么它就涉嫌构成滥用相对优势地位行为。[1]

不容忽视的是，网络平台企业实施的滥用市场支配地位排除、限制竞争行为，不仅涉嫌构成违反《反垄断法》的垄断行为，而且可能构成竞合违反《反不正当竞争法》《电子商务法》《网络交易监督管理办法》等法律法规的行为。举例而言，如果一家网络平台企业滥用市场支配地位，通过搜索降权、下架商品、限制经营、屏蔽店铺等方式，禁止或者限制平台内经营者自主选择交易伙伴，那么该企业实施的这种排除、限制竞争的"二选一"垄断行为亦涉嫌构成违反《反不正当竞争法》第2条与第12条、《电子商务法》第35条与《网络交易监督管理办法》第32条的行为。[2]

---

[1] Vgl. Bundeskartellamt, Missbrauchsaufsicht, www.bundeskartellamt.de, besucht am 14.02.2021.

[2] 2021年3月15日，国家市场监督管理总局公布《网络交易监督管理办法》，自2021年5月1日起施行。《网络交易监督管理办法》第32条规定：网络交易平台经营者不得违反《电子商务法》第35条的规定，对平台内经营者在平台内的交易、交易价格以及与其他经营者的交易等进行不合理限制或者附加不合理条件，干涉平台内经营者的自主经营。具体包括：①通过搜索降权、下架商品、限制经营、屏蔽店铺、提高服务收费等方式，禁止或者限制平台内经营者自主选择在多个平台开展经营活动，或者利用不正当手段限制其仅在特定平台开展经营活动；②禁止或者限制平台内经营者自主选择快递物流等交易辅助服务提供者；③其他干涉平台内经营者自主经营的行为。

第三节 网络平台企业经营者集中行为的特征、样态与规制

依据我国《反垄断法》第20条规定，网络平台企业实施的经营者集中包括下列情形：①经营者合并；②经营者通过取得股权或者资产的方式取得对其他经营者的控制权；③经营者通过合同等方式取得对其他经营者的控制权或者能够对其他经营者施加决定性影响。由于网络平台企业不仅可能滥用多维化与集成化市场力量攫取垄断暴利，而且可能经由经营者集中的方式隐性消除现实或潜在的竞争对手，引发扭曲乃至倾覆市场竞争机制的后果，最终导致市场出现疲弱化与闭锁化的态势，因而此类经营者集中行为业已引发域内外反垄断立法、执法机关的警觉与规制。

一、网络平台企业经营者集中行为的基本特征

从"对数字经济细分市场产生影响"的角度分析，网络平台企业实施的经营者集中行为包括横向、纵向与混合三种类型。所谓横向经营者集中是指由生产、供给同类产品、服务的经营者相互之间实施的集中行为。所谓纵向经营者集中是指由处于不同生产或销售环节的经营者相互之间实施的集中行为，该类集中行为本质上是将市场交易关系变更为企业集团内部管理关系。

所谓混合经营者集中是指由分属于不同行业的经营者相互之间实施的集中行为。混合经营者集中亦被称为"混合兼并""混合合并"，该类集中行为被大型、超大型网络（数字）平台企业大范围、高频率采用。依据欧盟《关于评估非横向兼并的指令》的规定，混合经营者集中是指企业之间的一种合并类型，

这些企业之间既非"在纯粹水平层面产生竞争联系"（如在同一相关市场的企业竞争者），也不存在"垂直联系"（如作为供应商或客户）。[1]狭义上的混合经营者集中是指之前独立的经济单位组成企业合并的整体，参与经营者集中的企业之间在相关产品市场上不存在水平层面的或垂直层面的经济联系。[2]在这一狭义意义上考察，当参与一项合并的企业虽生产同一类型产品但却处于不同的相关地域市场情形下，则这项合并一般不被视为混合经营者集中。[3]在广义意义上界定，混合经营者集中是指之前独立的经济单位组成的企业合并整体，参与经营者集中的经济单位既不处于相同的相关产品市场或相关地域市场，相互之间也不是买方与卖方的垂直关系。[4]

在数字经济领域，网络平台企业由初始经营相关市场延伸、拓展到其他相关市场经营的情形非常普遍。举例而言，一个网络平台企业在初始经营相关市场已经具有强大市场地位，它可能借助纵向、混合经营者集中方式，进入与初始经营相关市场相邻接的其他相关市场经营，从而可以为用户提供更加全面化与多元化的产品、服务，以在更大范围内满足用户的偏好与需求。[5]不过，网络平台企业实施的这类具有双轮、多轮垄断属性的经营者集中行为亦容易在多元相关市场产生排除、限制竞争的效果，甚至导致市场竞争机制与技术创新机制丧失活力。

〔1〕 EK, Leitlinien zur Bewertung nichthorizontaler Zusammenschlüsse, Ziffer 5.

〔2〕 BKartA, Konglomerate Zusammenschlüsse in der Fusionskontrolle - Bestandsaufnahme und Ausblick, Diskussionspapier für die Sitzung des Arbeitskreises Kartellrecht am 21. September 2006, S. 2.

〔3〕 BKartA, Konglomerate Zusammenschlüsse in der Fusionskontrolle - Bestandsaufnahme und Ausblick, S. 2, Fußnote 4.

〔4〕 Schmidt, Ingo, Wettbewerbspolitik und Kartellrecht, Stuttgart, 2005, S. 143.

〔5〕 Monopolkommission, Wettbewerbspolitik：Herausforderung digitale Märkte, Sondergutachten 68, Bonn, im Juni 2015, S. 29.

第二章　网络平台企业新型垄断行为的特征、样态与规制　◇

以谷歌公司为例。谷歌公司原本仅在搜索引擎市场提供服务，后来该公司将经营范围大幅度拓展，现今的经营范围已经涉及网络浏览器（Chrome）、操作系统（Android）、硬件（Nexus）、家居技术（Nest）等行业领域。最近，谷歌公司还开始涉足电信基础设施（Fiber）与自动交通系统（Google Car）。[1]在由初始经营相关市场拓展到其他相关市场过程中，网络平台企业不仅采取直接创设旗下企业的方式，而且采取经营者集中方式并购其他相关市场的既有企业。以脸书公司为例。脸书公司通过大规模经营者集中活动极大拓展了自身在数字经济领域的经营范围，被该公司收购的对象包括即时通信服务 WhatsApp 与图片服务 Instagram。[2]

如本书前文所述，大型、超大型网络（数字）平台企业在自身所属数字化生态系统的加持下，倾向于采取横跨多边、多元市场的"拼图式"宏观经营策略。在这一情形下，经营者集中行为与滥用市场支配地位行为、垄断协议行为呈现嵌合与交融态势，它们均构成大型、超大型网络（数字）平台企业实施排除、限制竞争的宏观经营策略的具体执行措施。尤其需要引起关注的是，大型、超大型网络（数字）平台企业为了维护、强化、拓展自身的市场支配力量，通常实施以"吞并被视为潜在竞争对手的初创企业或者新兴平台"为具体目标的经营者集中行为，该类集中行为亦被称为"杀手并购"（Killer acquisitions）行为。

二、网络平台企业经营者集中行为的表现样态

从纵向经营者集中的反垄断监管视角分析，如果一家具有

---

〔1〕　Monopolkommission, Wettbewerbspolitik: Herausforderung digitale Märkte, S. 29.
〔2〕　Monopolkommission, Wettbewerbspolitik: Herausforderung digitale Märkte, S. 29.

强大市场地位的网络平台企业与另一家具有强大市场地位的企业合并,而这两家企业各自所处相关市场具有上下游市场的关系,那么合并后的新的企业可能在上下游市场排除、限制竞争对手。举例而言,一家头部网络平台企业的经营范畴是提供在线服务,它在运营过程中需要利用、消耗大量个人数据资源,因而这家企业可能希望收购大型的计算机、智能手机或软件的生产企业,以确保通过分析这类计算机、智能手机或软件的用户行为的方式而持续获得运营所需的海量个人数据资源。[1]进一步而言,在纵向经营者集中实施层面,完成纵向集中的网络平台企业可能通过采取"差别待遇"的方式,不公正地利用战略信息,从而在平台相关市场与平台内相关市场扭曲市场竞争机制。譬如,一家网络平台企业不仅运营网络销售平台,为众多产品、服务的在线零售商提供平台交易空间,而且还在自身运营的网络销售平台上担当在线零售商角色,销售旗下产品与服务。在此种情形下,这家网络平台企业能够在其网络销售平台上搜集作为其竞争对手的在线零售商信息以及客户行为信息,并通过利用、分析这类信息的方式获得相较于其竞争对手的垄断优势与不正当竞争优势。[2]

除上所述,网络平台企业为了获得更好的数据搜集渠道,通常会采用横向、纵向与混合经营者集中方式,并购其他具有大数据资源的企业。在与数据关联性不强的相关市场,既有企业与初创企业之间的经营者集中行为通常仅会对现有市场结构

---

[1] Competition Law and Data, Stand: 10.05.2016, Gemeinsames Papier der Autorité de la concurrence und des Bundeskartellamtes zu Daten und Auswirkungen auf das Wettbewerbsrecht, p. 16.

[2] Competition Law and Data, Stand: 10.05.2016, Gemeinsames Papier der Autorité de la concurrence und des Bundeskartellamtes zu Daten und Auswirkungen auf das Wettbewerbsrecht, p. 19.

第二章 网络平台企业新型垄断行为的特征、样态与规制 ◇

产生较小影响，其原因在于，初创企业的市场份额很小，甚至初创企业与既有企业之间的经营领域不存在重叠之处。[1]然而，在数据驱动型的数字经济相关市场，既有企业与初创企业之间的经营者集中行为可能会产生排除、限制竞争的影响。举例而言，如果在一个数据驱动型的数字经济相关市场（A），一家大型网络平台企业对一家初创企业实施经营者集中行为，而这家初创企业拥有在另一个相关市场（B）获取大数据资源的渠道，并且初创企业在相关市场（B）获取的大数据资源在相关市场（A）亦具有应用价值，那么这家大型网络平台企业的经营者集中行为可能导致相关市场（A）的数据获取渠道的差异化，增加相关市场（A）的数据集中度。[2]这可能最终导致弱化市场竞争机制的效应。

三、网络平台企业经营者集中行为的规制范式

我国《反垄断法》第27条规定，审查经营者集中，应当考虑下列因素：①参与集中的经营者在相关市场的市场份额及其对市场的控制力；②相关市场的市场集中度；③经营者集中对市场进入、技术进步的影响；④经营者集中对消费者和其他有关经营者的影响；⑤经营者集中对国民经济发展的影响；⑥国务院反垄断执法机构认为应当考虑的影响市场竞争的其他因素。依据国务院反垄断委员会《关于平台经济领域的反垄断指南》第21条的规定，对于具有或者可能具有排除、限制竞争效果的

---

[1] Competition Law and Data, Stand：10.05.2016, Gemeinsames Papier der Autorité de la concurrence und des Bundeskartellamtes zu Daten und Auswirkungen auf das Wettbewerbsrecht, p. 16.

[2] Competition Law and Data, Stand：10.05.2016, Gemeinsames Papier der Autorité de la concurrence und des Bundeskartellamtes zu Daten und Auswirkungen auf das Wettbewerbsrecht, p. 16.

经营者集中，国务院反垄断执法机构应当根据《反垄断法》第28条规定作出决定。对不予禁止的经营者集中，国务院反垄断执法机构可以决定附加以下类型的限制性条件：①剥离有形资产、剥离知识产权、技术、数据等无形资产或者剥离相关权益等结构性条件；②开放网络、数据或者平台等基础设施、许可关键技术、终止排他性协议、修改平台规则或者算法、承诺兼容或者不降低互操作性水平等行为性条件；③结构性条件和行为性条件相结合的综合性条件。

在数字经济领域，反垄断立法机关、执法机关在厘定与交易价值相关联的经营者集中申报门槛时，有必要关注以下事实：在数字经济相关市场，一家企业的价值常常不是通过其销售数字来体现，而是体现在高价值的数据、大规模的用户数、创新技术、具有高度市场竞争潜力的经营理念。[1]在数据驱动型的数字经济相关市场，如果网络平台企业实施的经营者集中行为涉及数据资源的移转与整合，那么这类经营者集中行为可能产生排除、限制竞争影响。反垄断执法机关在评估与审查这类经营者集中行为时，有必要精准预估合并后的企业"通过整合不同来源的数据资源而将获得的优势"。尤其值得关注的是，如果合并后的企业通过整合不同来源的数据资源而将获得竞争优势，而其竞争对手无法复制利用由合并后的企业所整合的数据资源，那么这一经营者集中行为就可能产生排除、限制竞争的影响。[2]

在数字经济相关市场，由大型、超大型网络（数字）平台企业启动的经营者集中行为有可能构成这类企业实施宏观垄断

---

[1] BWB, Thesenpapier: Digitalisierung und Wettbewerbsrecht, Juni 2020, S.6, www.bwb.gv.at, besucht am 20.02.2021.

[2] Competition Law and Data, Stand: 10.05.2016, Gemeinsames Papier der Autorité de la concurrence und des Bundeskartellamtes zu Daten und Auswirkungen auf das Wettbewerbsrecht, p.16.

第二章　网络平台企业新型垄断行为的特征、样态与规制 ◇

策略的执行手段，因而由这类企业启动的经营者集中行为经常呈现反竞争属性。基于此，美国众议院司法委员会《数字市场竞争状况调查报告》建议，恢复数字经济市场的竞争态势的方法之一为："推定具有支配力量的平台未来的合并交易具有反竞争性。"[1]在数字经济相关市场，由大型、超大型网络（数字）平台企业启动的经营者集中行为通常属于混合经营者集中。[2]混合经营者集中具有三种具体类型，即市场扩展型经营者集中、市场交互买卖型经营者集中与市场多元化型经营者集中。这三种具体类型依据以下标准互相区分，即"在事实层面，市场参与者之间相互予以区分的差异程度"。[3]在具体案例实践中，混合经营者集中的三种类型经常不是以各自独立的形式出现，而是通常表现为互相混杂的模式。[4]

（1）市场扩展型经营者集中。市场扩展型经营者集中具有两种情形：一种情形是同类产品在不同的地域市场被集中后的企业生产出来；另一种情形是不同类型的产品由集中而成的企业生产制造。市场扩展型经营者集中能够在统一的地域市场或至少互相交叉重叠的市场上增加诸种产品的销售弹性与互相替代性。[5]

---

〔1〕　陈永伟：《美国众议院〈数字市场竞争状况调查报告〉介评》，载《竞争政策研究》2020年第5期。

〔2〕　以下关于混合经营者集中的内容参见翟巍：《欧盟企业混合兼并效用分析》，载《现代管理科学》2016年第5期。

〔3〕　BKartA, Das Untersagungskriterium in der Fusionskontrolle–Marktbeherrschende Stellung versus Substantial Lessening of Competition? Diskussionspapier für die Sitzung des Arbeitskreises Kartellrecht am 08. und 09. 10. 2001, www.bundeskartellamt.de, besucht am 07. 06. 2021, S. 31.

〔4〕　Heithecker, Jan, Wettbewerbssicherung in der europäischen Fusionskontrolle durch Zusagen–Eine fallbezogene Untersuchung der inhaltlichen Anforderungen an Zusagen, Berlin 2002, S. 113.

〔5〕　Schmidt, Ingo, Wettbewerbspolitik und Kartellrecht, S. 330.

（2）市场交互买卖型经营者集中。在市场交互买卖型经营者集中构建形成后，如果一个在参与集中之前独立的企业是另一个参与集中企业的"客户的客户"或者"供应商的供应商"，则在集中所涉相关市场上会经由第三方市场的杠杆作用形成实施集中后的企业集团的强势市场地位。实施集中后的企业集团可能利用此强势地位将其他企业竞争者排挤出此相关市场。[1]

（3）市场多元化型经营者集中。市场多元化型经营者集中被视作纯粹的混合经营者集中，它既非市场扩展型经营者集中，又非市场交互买卖型经营者集中。[2] 通过这种类型的经营者集中，参与经营者集中的诸种企业将同时出现在多个相关产品市场；它们可以通过彼此之间高度的经济依赖性，进行内部的互惠和捆绑交易，进而消解各个单一相关市场上的市场机制力量，最终使参与经营者集中的诸家企业获得雄厚经济实力与市场地位。[3]

依据传统反垄断经济理论，混合经营者集中不但产生排除、限制竞争影响的可能性通常小于横向、纵向经营者集中，而且可能具有正面经济效应。譬如，依据搭售与捆绑理论，经由混合经营者集中形成的企业集团，可以更多地通过将多种产品搭售和捆绑销售的方式提高盈利并改善己身的竞争状况，而这也必将导致该企业集团能够以更优惠的价格为消费者提供更好的产品与服务。[4] 然而，搭售与捆绑销售理论的瑕疵显而易见。

---

[1] Schmidt, Ingo, Wettbewerbspolitik und Kartellrecht, S. 145.

[2] Schmidt, Ingo, Wettbewerbspolitik und Kartellrecht, S. 330.

[3] Heithecker, Jan, Wettbewerbssicherung in der europäischen Fusionskontrolle durch Zusagen-Eine fallbezogene Untersuchung der inhaltlichen Anforderungen an Zusagen, S. 113.

[4] Vgl. EE&MC, Competition Competence Report 12/2005, Kopplungsgeschäfte und die geplante Leitlinie der Europäischen Kommission zu den nicht-horizontalen Zusammenschlüssen, http://www.ee-mc.info/mailingD/XII-2005.pdf, besucht am 07.06.2021, S.2.

第二章 网络平台企业新型垄断行为的特征、样态与规制 ◇

举例而言，依据搭售与捆绑理论的逻辑推导，只要参与混合经营者集中的企业具有排斥竞争者的动机和相应能力，混合经营者集中亦可产生损害竞争机制的作用，总体而言，混合经营者集中在特定情形下亦可能产生显著程度的损害竞争效应。关于混合经营者集中可能损害竞争的相关经济理论可以被划分为以下四类：

（1）潜在竞争理论。依据潜在竞争理论，在审查混合经营者集中时应查明以下情况：" 如果混合经营者集中没有发生，参与集中的一家企业自身是否在相关市场上作为可能的竞争者而存在"。[1]这一理论具有两种子理论类型，即实际潜在竞争理论与感知潜在竞争理论。[2]

（2）防御理论。依据防御理论，混合经营者集中将导致集中后企业集团经济实力的增长，进而产生损害竞争的效果。[3]一方面，相关市场上未参与集中的企业出于对混合经营者集中参与企业可能采取掠夺性定价或其他报复措施的恐惧，而被迫减少自身的竞争活动；[4]另一方面，未参与集中的企业减少竞争活动会造成市场竞争机制的扭曲与失效，将进一步导致市场准入门槛提高，其他潜在的市场进入者将因为相关市场的准入门槛提高而放弃进入此市场。[5]

（3）互惠理论。依据互惠理论，混合经营者集中实施后的

---

[1] Vgl. Nothhelfer, Wolfgang, Wann behindern konglomerate Fusionen den Wettbewerb? EuZW 11/2007, 332 (333).

[2] Vgl. Dreher, Meinrad, Konglomerate Zusammenschlüsse, S. 31.

[3] Vgl. BKartA, Konglomerate Zusammenschlüsse in der Fusionskontrolle－Bestandsaufnahme und Ausblick, Diskussionspapier für die Sitzung des Arbeitskreises Kartellrecht am 21. September 2006, www.Bundeskartellamt.de, besucht am 07.06.2021, S. 3.

[4] Vgl. BKartA, Bestandsaufnahme und Ausblick, S. 3.

[5] BKartA, Bestandsaufnahme und Ausblick, S. 3.

— 063 —

企业集团可以对参与集中的企业的商业伙伴施加影响力,促使或迫使后者在相关市场与该企业集团选定的其他企业从事商业交易活动;[1]在这种情形下,相关市场实际上已对其他竞争者形成准入障碍。新的竞争者将失去进入此市场的动机与能力。[2]

(4)集中理论。依据总体集中度理论,混合经营者集中可以促使市场上企业总体集中度提高,而总体集中度的提高将使市场上大型企业之间的联系接触成倍数增长,[3]由此,大型企业之间维护共同利益的意识亦会同步加强,并导致它们采取反对竞争的协同行为。[4]

总体而言,由网络平台企业实施的混合经营者集中所导致的损害竞争效用表现为两种形式,即单边作用与协同作用。[5]混合经营者集中产生的这两种作用均会显著阻碍相关市场的有效竞争。

混合经营者集中的单边作用特指如下效应:在企业之间不存在协同策略的前提下,混合经营者集中会促使所有的市场竞争者个体动机发生改变并做出相应的伴随行为;此类变化产生的效应被统一归类为混合经营者集中的单边作用。[6]网络平台企业实施混合经营者集中可能产生以下四类损害竞争机制的单边作用:

(1)资产组合效应。资产组合效应在混合经营者集中领域可做如下理解:参与混合经营者集中的一家企业通过混合经营

---

[1] Dreher, Meinrad, Konglomerate Zusammenschlüsse, S. 35.
[2] Dreher, Meinrad, Konglomerate Zusammenschlüsse, S. 35.
[3] Dreher, Meinrad, Konglomerate Zusammenschlüsse, S. 36.
[4] Dreher, Meinrad, Konglomerate Zusammenschlüsse, S. 36.
[5] Vgl. EK, Leitlinien zur Bewertung nichthorizontaler Zusammenschlüsse, Ziffern 15 f.
[6] BKartA, Bestandsaufnahme und Ausblick, S. 18.

者集中扩张其产品组合或品牌组合,以增强其市场地位。[1]产品组合或品牌组合的扩张包括相关产品市场扩张与相关地理市场扩张。[2]当混合经营者集中的参与企业的产品之间虽然不存在替代关系,但却属于同一产品系列时,就会产生混合经营者集中的资产组合效应。[3]

(2)资源强化效应。资源强化原则包括深口袋原则与防御(堡壕)原则。如果一家参与混合经营者集中的企业作为目标公司,被一家财力雄厚的买家买进,则其作为目标公司将受到买家所具有的资金、客户等资源的支持帮助,从而使其市场行为空间得到显著扩张,并进而提升目标公司的市场影响力。这种作用被称为资源强化效应。[4]

(3)溢出效应。溢出效应的定义为:混合经营者集中完成后,参与集中的一家企业在将来可以从参与集中的其他企业处获得专利技术或基础设施领域的实质帮助,从而使这家企业在相关市场的地位得到确立或加强。[5]

(4)杠杆效应。杠杆效应的定义如下:在混合经营者集中情形下,一家参与集中的企业如果已在相关市场上具有强势的或主导的市场地位,则这一市场地位可能通过经济学上的杠杆

---

[1] Kling, Michael/Thomas, Stefan, Kartellrecht, München, 2007, S. 412 (Rdnr. 250).

[2] Gruber, Johannes-Peter, Konglomerate Zusammenschüsse, RdW 9/2006, 552 (553).

[3] BKartA, Das Untersagungskriterium in der Fusionskontrolle, S. 30.

[4] Heinichen, Christian, Fallstudien zum Europarecht, deutschen und europäischen Kartellrecht, deutschen und europäischen Wirtschaftsrecht, www.jura.uni-augsburg.de, besucht am 07.06.2021, S. 6.

[5] Vgl. Veltrup, Bernard/Jürgensen, Harald (Hrsg.), Die wettbewerbspolitische Problematik konglomerater Fusionen, Wirtschaftspolitische Studien 38, Göttingen: 1975, S. 44 f.

效应传递到其他参与集中企业所处的相关市场;由此,其他参与集中企业的市场主导地位将得到确立,或者其他参与集中企业既有的市场地位将得到加强。[1]

混合经营者集中的协同作用特指如下效应:参与混合经营者集中的企业基于相互之间的战略性互动影响而放弃或限制相互间竞争活动的作用。[2]在更宽泛的意义上,混合经营者集中的协同作用是指:基于混合经营者集中的原因在相关市场上经营的企业之间形成的隐性的或明确的行为协同效用。[3]网络平台企业实施混合经营者集中可能产生以下三类损害竞争的协同作用:

(1)消除不完全替代或排除潜在竞争。混合经营者集中可能导致消除不完全替代或排除潜在竞争的后果。简言之,混合经营者集中将导致市场参与者数量的降低,而这一数量降低后果可能使企业更加容易实施协同行为,从而驱使原先没有协同意思联络的企业产生实施协同行为的意愿。[4]

(2)强化多边市场影响。混合经营者集中的多边市场影响通常表现在以下情形:通过混合经营者集中,参与集中的诸家企业达到了在若干个相互独立的市场上实现"行为协同一致性"的目标。一方面,在混合经营者集中后,如果其中参与协同行为的企业没有遵守协同承诺,它将在多个市场上面临被报复的风险,在这种情形下,相关企业将更趋向于维持、坚守可能危

---

[1] Kling, Michael/Thomas, Stefan, Kartellrecht, München, 2007, S. 416 (Rdnr. 258).

[2] BKartA, Bestandsaufnahme und Ausblick, S. 18.

[3] BKartA, Bestandsaufnahme und Ausblick, S. 25.

[4] EE&MC, Die ökonomische Analyse von nicht-horizontalen Unternehmenszusammenschlüssen: neue Leitlinien der Europäischen Kommission, http://www.ee-mc.info/mailingD/IV-2007.pdf, besucht am 07.06.2021, S. 3; BKartA, Bestandsaufnahme und Ausblick, S. 26.

害竞争的协同行为；另一方面，混合经营者集中后，相关企业在商讨协同行为时将会统一考虑多个相关市场的因素，从而大大增强协同行为危害竞争发生的可能性。[1]

（3）促进隐性协同。在一个特定的市场上，如果混合经营者集中导致竞争者数量急剧减少，那么产生隐性协同后果的可能性很大。其原因是，在混合经营者集中后，没有参与集中的企业由于自身所处弱势市场地位，为求自保，常常屈从跟随实施集中后的企业集团所采取的调整价格等市场行为，从而使混合经营者集中参与企业在相关市场上的支配地位得到确立或加强。[2]

综上所述，由网络平台企业实施的新型垄断行为基本都可被归入传统三大类型经济垄断行为范畴，即垄断协议行为，滥用市场支配地位行为，具有排除、限制竞争影响的经营者集中行为。基于此，反垄断执法、司法机关有必要结合数字经济的构成要素与主要特征，厘清由网络平台企业实施的新型垄断行为的基本特征与表现样态，并引入新型反垄断理念、方法、工具，以建构与优化关于网络平台企业新型垄断行为的规制机制。

---

[1] Vgl. BKartA, Bestandsaufnahme und Ausblick, S. 27.

[2] EK, Leitlinien zur Bewertung nichthorizontaler Zusammenschlüsse gemäß der Ratsverordnung über die Kontrolle von Unternehmenszusammenschlüssen, Ziffer 120.

第三章 Chapter 3

网络平台企业典型性垄断行为基本特征与规制路径

基于数字经济的微观视角，网络平台企业实施的反竞争行为日益引起社会关注，它们可能竞合或单独违反《反垄断法》《反不正当竞争法》《电子商务法》等法律法规。总体而言，迄今没有一部可以统一与全面规制网络平台企业反竞争行为的法律法规，公权力机关与受侵害主体应当根据个案情形选择适用《反垄断法》《反不正当竞争法》《电子商务法》等法律法规追究实施违法行为企业的法律责任。

在互联网平台经济领域，网络平台企业有可能实施三大类型经济垄断行为，即垄断协议行为，滥用市场支配地位行为，具有排除、限制竞争影响的经营者集中行为。网络平台企业实施的这三类垄断行为又呈现多元化的表现样态，其中具有典型特征与广泛影响的垄断行为表现样态包括：链接封禁、"二选一"行为、轴辐协议、协同行为、拒绝交易、搭售行为、低于成本销售、差别待遇、"杀手并购"行为。就外延范畴而言，这些典型性垄断行为之间并非截然分离的；在个案情形下，一种由网络平台企业实施的垄断行为可能兼具多种典型性垄断行为的属性。

第三章　网络平台企业典型性垄断行为基本特征与规制路径　◇

第一节　链接封禁基本特征与规制路径

在互联网平台经济领域，拒绝互联互通的链接封禁（德语：Link-Blockierung）并不鲜见，它归属于上位概念平台封禁的外延范畴。总括而言，互联网平台经济领域"平台封禁"行为主要包括以下四类：其一，平台经营者强制用户"二选一"行为；其二，平台经营者对其他平台或者应用内容不予直链行为；其三，平台经营者实施差别待遇行为；其四，平台经营者关闭 API 行为。[1]其中，不予直链行为与关闭 API 行为都可归属于链接封禁行为外延范畴。

一、链接封禁基本特征

依据媒体报道，国内抖音与微信之间的反垄断争议既涉及不予直链行为，又牵涉 API 接口关闭行为。正是由于微信 API 接口被关闭，导致抖音用户无法通过微信社交网络平台授权登录，亦无法经由直接跳转的方式分享二维码名片、会议链接等内容到微信社交网络平台。[2]在 2020 年底美国联邦贸易委员会（FTC）针对脸书公司发起的反垄断诉讼案件中，脸书公司被指控的垄断行为亦包括拒绝兼容与拒绝开放 API 的链接封禁垄断行为。

前文所述的 API（Application Programming Interface，汉译为"应用程序编程接口"）既可指某些预先定义的接口，又可指关

---

〔1〕参见张江莉、张镭：《互联网"平台封禁"的反垄断法规制》，载《竞争政策研究》2020 年第 5 期。

〔2〕参见张江莉、张镭：《互联网"平台封禁"的反垄断法规制》，载《竞争政策研究》2020 年第 5 期。

于软件系统不同组成部分相互衔接的约定。API 被创设的目的是"提供应用程序与开发人员基于某软件或硬件得以访问一组例程的能力，而又无需访问源码，或理解内部工作机制的细节"。[1]如果一家平台经营者拒绝开放自身平台的 API，那么将导致其他经营者生产的产品、服务无法实现与该平台经营者所属平台的兼容；进一步而言，如果一家平台经营者控制具有必要设施属性的"底部生态平台"，而这一平台构成其他经营者进入某些相关市场经营的必不可缺的渠道，那么在这一情形下，若这家平台经营者缺乏正当理由，拒绝以合理对价将其所属平台 API 向其他经营者开放，则这家平台经营者涉嫌构成"拒绝交易"形态的滥用实施支配地位垄断行为与"恶意不兼容"的不正当竞争行为。

在互联网平台经济领域，社会关注度最高与争议最大的"平台封禁"类型是平台的"不予直链"行为。具体来说，在社交网络平台抑或移动即时通信平台中，用户具有彼此分享其他平台或者网络内容的需求，这本身亦是用户行使通信自由权的体现。在一般情形下，发送分享内容的用户将其他平台或者网络内容的网址复制并推送给接收分享内容的用户，而接收分享内容的用户通过点击该网址链接的方式获得分享内容。

然而，在互联网平台经济实践领域，社交网络平台抑或移动即时通信平台的经营者可能基于排除、限制竞争动机以及其他主客观原因而拒绝对其他平台或者网络的内容予以直链。也就是说，发送分享内容的用户无法直接点击与推送所分享的内容，需要经过复制、粘贴口令等一系列的操作措施，而接收分享内容的用户在点击所推送的网址时亦无法直接跳转到相关页

---

[1] 参见张江莉、张镭：《互联网"平台封禁"的反垄断法规制》，载《竞争政策研究》2020 年第 5 期。

面，而必须通过辅助操作的方式间接获得相关内容。[1]如果社交网络平台抑或移动即时通信平台的经营者系基于排除、限制竞争动机实施"不予直链"行为，那么这一行为不仅涉嫌构成垄断、不正当竞争等违法行为，而且直接损害平台用户的自由选择权与通信自由权，妨碍平台用户实现多归属性的要求。

综合而言，链接封禁行为亦与数据垄断行为存在密切关联。占据社交网络市场抑或移动即时通信市场相对优势地位乃至市场支配地位的网络平台企业，亦可能通过一并实施链接封禁行为与数据垄断行为的方式，区隔与挤压竞争对手的生存空间。一方面，这类网络平台企业可以通过在其所属"底部生态平台"实施链接封禁的方式，阻碍其竞争对手通过"底部生态平台"与广大用户进行有效接触，导致其竞争对手的产品、服务被边缘化。另一方面，这类网络平台企业可以通过实施数据垄断的方式，弱化或否定其用户的"数据主权"与数据的可携带权，禁止其用户将个人数据资源从这类网络平台企业所属平台移转到其他平台，进而避免其竞争对手获得数据资源竞争优势。

二、链接封禁规制路径

美国、欧盟与我国同属世界三大反垄断法域。美、欧公权力机关在反垄断法律实践中亦将由大型网络平台企业实施的不予直链、拒绝开放 API 等链接封禁行为界定为垄断行为。例如，在 2020 年底美国联邦贸易委员会针对脸书公司发起的反垄断诉讼案件中，脸书公司被指控的垄断行为就包括拒绝兼容与拒绝开放 API 行为。具体来说，脸书公司滥用其在个人社交网络市场的支配地位，针对竞品类 App 制定 APIs 接入限制条件，强行

---

〔1〕 参见张江莉、张镭：《互联网"平台封禁"的反垄断法规制》，载《竞争政策研究》2020 年第 5 期。

— 071 —

迫使开发者不得与脸书公司竞争对手进行数据接入等领域的合作，从而直接隔断同类社交网络产品应用程序的 API 接口。而欧盟以及欧盟成员国德国均通过立法方式，对具有"守门人"特征的网络平台企业实施的不予直链、拒绝开放 API 等链接封禁行为设定规制范式。本节以下内容将具体介绍与解析美国、欧盟、我国在链接封禁法律规制层面的制度设计与实践案例，从而为我国公权力机关在借鉴域外经验基础上优化链接封禁规制范式提供参考性建议。

（一）美国反垄断法视野下链接封禁规制路径

在美国联邦法律层面，反垄断法律包括《谢尔曼法》《克莱顿法》与《联邦贸易委员会法》等。在美国反垄断执法过程中，以下问题引起高度关注：①平台企业实施的封禁行为是否影响竞争；②平台企业通过收集的数据打造数据壁垒如何影响竞争；③平台企业收集到的海量数据是否构成新的市场进入者的门槛或者障碍；④平台企业给予自己产品或服务优待并且排除潜在竞争者的行为是否合法合理。[1] 为了有效发现、识别与规制超大型数字平台企业实施的垄断行为，美国有关人士亦提出建议，希望在现有联邦贸易委员会架构下直接设立专门性监管机构，或者参照以往设立联邦通信委员会的模式，单独成立一个监管机构。[2] 涉及链接封禁行为规制的美国典型案例包括微软滥用市场支配地位案、海酷实验室公司诉领英案、脸书公司滥用市场支配地位案等。

---

〔1〕 朱明钊：《"平台封禁、数据壁垒"等反垄断问题需要引起注意》，载《上海法治报》头条公众号，2021年3月13日。

〔2〕 朱明钊：《"平台封禁、数据壁垒"等反垄断问题需要引起注意》，载《上海法治报》头条公众号，2021年3月13日。

第三章 网络平台企业典型性垄断行为基本特征与规制路径 ◇

1. 美国立法机关针对链接封禁行为的规制理念

2019年6月,美国众议院民主、共和两党针对美国数字市场中的竞争状况进行了一场范围极广的彻底调查,并最终将调查内容、结论汇编成《数字市场竞争状况调查报告》。这项调查包括以下三项目的:其一,厘定当前美国数据市场中出现的涉及竞争层面的无法解决的难题;其二,详尽分析是否有处于市场支配地位的企业实施反竞争行为;其三,评估美国现行的反垄断法律、美国行政机关实施的竞争政策以及美国行政机关当前的执法水平是否足以应对、处理垄断争议性问题。[1]

2020年10月6日,美国众议院司法委员会正式发布《数字市场竞争状况调查报告》,该报告的指导思想体现出浓厚的"新布兰代斯学派"色彩。[2]基于对脸书公司链接封禁的反垄断调查,美国众议院司法委员《数字市场竞争状况调查报告》建议,恢复数字经济市场的竞争态势的方法之一为:"加强数据互操作性、可迁移性和开放接口促进创新。"[3]

在社交网络与社交媒体市场(Social Networks and Social Media),经营者提供社交媒体产品与服务。社交媒体产品与服务包括社交网络平台、通信平台、媒体平台等。这类平台旨在通过促进内容与信息在线共享、创建、交流的方式吸引广大用户。[4]由于脸书是世界上最为庞大的社交网络,它在全世界大约拥有

---

〔1〕 蒋天伟:《数据可迁移性和数据互操作性,是美国数据垄断规制的立法主流》,载《上海法治报》头条公众号,2021年3月12日。
〔2〕 陈永伟:《美国众议院〈数字市场竞争状况调查报告〉介评》,载《竞争政策研究》2020年第5期。
〔3〕 陈永伟:《美国众议院〈数字市场竞争状况调查报告〉介评》,载《竞争政策研究》2020年第5期。
〔4〕 House Judiciary Committee, Investigation of Competition in Digital Markets, 2020, p. 88.

23亿活跃用户，每天约有15亿人使用脸书，[1]因而美国众议院司法委员会在《数字市场竞争状况调查报告》中认定，脸书公司在社交网络市场处于支配地位。

美国众议院司法委员会《数字市场竞争状况调查报告》认为，脸书公司通过控制其平台访问权限的方式排除、限制竞争。脸书公司开发了脸书平台，其功能是将其他应用程序连接到脸书公司所属的社交网络。然而，脸书公司发现某些社交应用程序变得越来越流行，并且这类程序可能与脸书公司旗下相关产品展开竞争；在此情形下，脸书公司基于排除、限制竞争的目的，拒绝这类流行的社交应用程序访问脸书公司所属社交网络。[2]

基于上述，美国众议院司法委员会《数字市场竞争状况调查报告》对脸书公司的链接封禁行为提出指控。该报告认为，由于脸书平台拒绝互联互通，因而用户面临非常高的迁移成本；由于这一原因，用户被最终锁定在脸书平台之内。基于此，该报告建议，美国国会有必要考虑落实平台的互操作性与数据的可携带性，从而破解脸书公司实施的封禁垄断行为。具言之，具有市场支配地位的脸书公司应当确保自身的平台服务与其他网络之间具有兼容性，确保内容与信息在不同平台之间便捷迁移，并且增加互操作性与开放接触方式，同时以这种方式来推进、保障创新活动。[3]

美国众议院司法委员会《数字市场竞争状况调查报告》还

---

〔1〕 [美]埃莉诺·M.福克斯：《平台，力量与反垄断挑战：对缩小美国与欧洲分歧的审慎建议》，周丽霞译，载《竞争政策研究》2020年第5期。

〔2〕 House Judiciary Committee, Investigation of Competition in Digital Markets, 2020, pp. 166-167.

〔3〕 蒋天伟：《数据可迁移性和数据互操作性，是美国数据垄断规制的立法主流》，载《上海法治报》头条公众号，2021年3月12日。

第三章 网络平台企业典型性垄断行为基本特征与规制路径 ◇

进一步提出,在互联网平台经济领域,具有市场支配地位的网络平台企业承担的确保互操作性的成本相对而言比较低。其原因在于,具有市场支配地位的网络平台企业准备使其平台满足互操作性要求,并不需要重新购置、调试机器,亦不需要专门设置实体的网络线路进行联结;在人才资源使用方面,具有市场支配地位的网络平台企业为了实现所属平台的互操作性,并不需要安排数量众多的专业技术工程师。总括而言,在实现互操作性层面,具有市场支配地位的网络平台企业需要承担的主要成本就是其需要重新设计存储形式。[1]

值得关注的是,美国众议院司法委员会《数字市场竞争状况调查报告》亦认为,确保平台的互操作性与严格执行反垄断法之间是互补关系,而非替代关系。具言之,脸书公司已经在社交网络平台上形成垄断性的倾覆力量;基于这种内在的强势力量,脸书公司即使被迫开通脸书平台的互操作性,该公司的市场地位亦不会立即受到影响,它依然可能形成垄断态势。[2] 美国众议院司法委员会《数字市场竞争状况调查报告》还精准阐释关于数据可携带性的现实意义。依据该报告观点,由于用户对于控制大数据资源的具有市场支配地位的平台企业产生较高黏附性,因而用户若要放弃使用该平台将承担高额成本;基于此情境,这一平台企业所控制的大数据资源已经构成竞争者进入与消费者退出的壁垒。该报告建议,为了化解这一壁垒困境,立法机关应当优先考虑确保平台所掌控大数据资源的可移动性与可移植性,从而将大数据资源的可携带性设定为平台互

---

[1] 蒋天伟:《数据可迁移性和数据互操作性,是美国数据垄断规制的立法主流》,载《上海法治报》头条公众号,2021年3月12日。

[2] 蒋天伟:《数据可迁移性和数据互操作性,是美国数据垄断规制的立法主流》,载《上海法治报》头条公众号,2021年3月12日。

操作性的一种补充属性,以打破由控制大数据资源的具有支配地位企业所塑造的垄断效应。[1]

2. 美国关于链接封禁行为规制的执法、司法标准

在过去 20 年期间,美国反垄断执法、司法机关针对拒绝开放 API、拒绝互操作性等链接封禁垄断行为一直采取较为严苛的规制态度,其经典案例包括 2001 年美利坚合众国诉微软案与 2020 年美国联邦贸易委员会诉脸书公司案。

(1)微软滥用市场支配地位案。在 2001 年美利坚合众国诉微软案(United States v. Microsoft Corporation)中,美国联邦政府联合 19 个州以及首都华盛顿哥伦比亚特区共同起诉微软公司违反《谢尔曼法》,构成滥用市场支配地位的垄断行为。在这一案件中,原告指控被告微软公司滥用其市场支配地位,在其基于英特尔公司微处理器架构的个人计算机操作系统 Windows 之中强制捆绑销售浏览器软件 Internet Explorer。此外,微软公司还被质疑通过改变或操纵应用程序接口的方式来达到使其浏览器软件 Internet Explorer 更具竞争优势的目的。2001 年 11 月,美国联邦司法部与微软公司就这一案件达成和解。该项和解方案要求微软公司与第三方公司共享 API,并且任命一个三人小组,这一小组可以在此后五年期限里随时对微软公司的系统、记录和源代码进行不受限制的访问与检查,以确保公司能够遵守相关协议。

(2)海酷实验室公司诉领英案。2019 年,美国第九巡回上诉法院对海酷实验室公司诉领英案(HiQ Labs v. LinkedIn)作出判决,认定海酷从领英上爬取公开个人数据的行为未违反《计算机欺诈和滥用法案》(CFAA);该法院还进一步认为,依据美

---

[1] 参见蒋天伟:《数据可迁移性和数据互操作性,是美国数据垄断规制的立法主流》,载《上海法治报》头条公众号,2021 年 3 月 12 日。

第三章 网络平台企业典型性垄断行为基本特征与规制路径

国加利福尼亚州法律,选择性地禁止潜在竞争对手访问与使用公开数据的行为很可能构成不公平竞争行为。[1]

该案判决提供的启示意义在于,如果一家网络平台企业掌控特定类型的大数据资源,而这种大数据资源对于其他经营者进入相关市场经营而言具有不可或缺的意义,那么这家网络平台企业不应禁止其他经营者访问与使用其所掌控的大数据资源;进一步而言,即使其他经营者与这家网络平台企业之间存在现实的或潜在的竞争关系,这家网络平台企业亦不应当通过禁止其他经营者访问与使用其所掌控的大数据资源的方式排除、限制竞争。如果这家网络平台企业禁止作为竞争对手的其他经营者访问与使用其所掌控的大数据资源,那么其他经营者通过技术手段爬取这家网络平台企业所掌控的公开个人数据的行为就具有正当性与合法性基础。

(3)脸书公司滥用市场支配地位案。在2020年底美国联邦贸易委员会针对脸书公司发起的反垄断诉讼案件中,脸书公司被指控的垄断行为就包括拒绝兼容与拒绝开放API行为。具体来说,脸书公司滥用其在个人社交网络市场的支配地位,针对竞品类App制定APIs接入限制条件,强行迫使开发者不得与脸书公司竞争对手进行数据接入等领域的合作,从而直接隔断同类社交网络产品应用程序的API接口。

(二)欧盟反垄断法视野下链接封禁规制路径

在欧盟反垄断法律框架下,由大型互联网平台企业实施的不予直链、拒绝开放API等屏蔽型"二选一"行为涉嫌构成"滥用排他性行为"(Behinderungsmissbrauch)或"排他性协议"(Ausschließlichkeitsbindungen)形态的滥用市场支配地位垄断行

---

[1] 孟雁北:《论大数据竞争带给法律制度的挑战》,载《竞争政策研究》2020年第2期。

为，这类垄断行为被《欧盟运行条约》第 102 条禁止。

1. 欧盟涉及链接封禁行为规制的立法革新——《数字市场法》（DMA）草案

2020 年 12 月 15 日，欧盟委员会正式提交两项数字经济法律草案：《数字市场法》（Digital Markets Act, DMA）与《数字服务法》（Digital Services Act, DSA）。这两项法案均属于欧盟数字战略的核心构成部分。

《数字市场法》被视为欧盟反垄断法在数字经济领域的延展与革新，这部法律的适用对象为具有"守门人"（Gatekeeper）特征的大型在线企业，其制定目的是确保这类大型在线企业能够通过公平方式实施在线行为。[1]具体而言，欧盟立法者希冀通过制定《数字市场法》，强化对具有"守门人"特征的大型在线企业的监管与引导，防止这类企业对其他企业施加链接封禁等各类反竞争行为，同时避免这类企业的不当行为损害社会公共利益。

具体而言，《数字市场法》为符合"守门人"特征的大型在线企业专门设置积极性义务与禁止性义务。根据该法案的要求，符合"守门人"特征的大型在线企业应当履行以下类型的涉及链接封禁规制的积极性义务：其一，在特定情形下，"守门人"企业应当允许第三方主体与"守门人"企业自身旗下服务进行交互操作；其二，"守门人"企业应当允许企业用户访问由"守门人"企业在使用所属平台过程中生成的数据。与此相对应，根据该法案的要求，符合"守门人"特征的大型在线企业

---

[1] European Commission, The Digital Markets Act: Ensuring Fair and Open Digital Markets, https://ec.europa.eu/info/strategy/priorities-2019-2024/europe-fit-digital-age/digital-markets-act-ensuring-fair-and-open-digital-markets_en, last visited: March 24, 2021.

第三章　网络平台企业典型性垄断行为基本特征与规制路径 ◇

应当遵循以下涉及链接封禁规制的禁止性义务："守门人"企业不得禁止用户链接到"守门人"企业所属平台之外的企业。

2. 欧盟关于链接封禁行为规制的执法、司法标准

尽管必要设施原则起源于美国反垄断法，但是该项原则迄今对欧盟反垄断法律实践的影响大于对美国反垄断法律实践的影响。[1] 依据欧盟委员会观点，在考虑各方合法利益的前提下，需要分析关于大数据资源访问权限是否是企业进入相关市场经营的必不可少的要素；如果大数据资源访问权限构成此类必不可少要素，那么具有市场支配地位企业拒绝竞争对手访问其所控制的大数据资源的行为，就构成被《欧盟运行条约》第102条所禁止的滥用市场支配地位垄断行为。[2]

涉及链接封禁行为规制的欧盟典型案例为微软公司拒绝互操作性垄断案。[3] 微软公司所处的欧盟市场具有不同于欧盟大多数传统市场的垄断天然易成性，这尤其表现在软件市场领域。由于欧盟软件市场通常是基于网络经济的特质以极快的速度扩张发展，并不断产生出新的分支领域，因而通过新技术率先实现产品创新的企业很容易通过网络效应和知识产权保护取得软件相关市场垄断地位。一方面，由于在市场上处于关键地位的企业可能拒绝公布其产品的"基本信息"（Grundinformationen），这使得其他企业生产的具有强烈关联性及潜在市场需求的产品缺乏与该产品的兼容能力，无法进入该产品网络，从而被直接排除在相关市场之外，致使前述处于关键地位的企业在与其产

---

[1] Beckmann/Müller, in: Hoeren/Sieber/Holznagel, Multimedia - Recht, Werkstand: 54. EL Oktober 2020, Teil 10 Kartellrecht, Rn. 226.

[2] European Commission, Competition Policy for the digital era, A report by Jacques Crémer/Yves-Alexandre de Montjoye/Heike Schweitzer, p. 9.

[3] 该案案情介绍主要引自翟巍：《微软欧盟反垄断案例浅析》，载《网络法律评论》2011年第1期；请参见翟文原始引注文献。

品相关联的产品市场上形成一家独霸的局面；另一方面，由于相关产品属于高端技术密集型产品，其消费群体具有多样化与差异化特征，所以为在市场上立足，竞争者必须需要具备强大的技术创新能力、雄厚资金优势以及完善的市场营销网络。这就在客观上决定了市场上竞争者数目的稀少，从而使此类市场较之其他传统市场更易形成垄断态势。

从 1993 年起，微软欧盟反垄断案例在欧盟反垄断机构与微软公司的激烈交锋中产生并发展。如果从垄断行为的性质与反垄断规制的具体目的考察，这一期间的微软欧盟反垄断案例可视为一个单一性案例，主要内容是"欧盟反垄断机构对微软公司在市场上垄断行为的持续规制措施及微软公司的回应行为"。如果从微软竞争对手的诉求与相关市场的多样性考虑，微软欧盟反垄断案例应视为具有相似反垄断内容和参与主体相互关联的系列案例组合，主要内容是"美国太阳微电子公司、欧洲计算机和通信工业协会等企业及协会组织认为微软公司在诸相关市场滥用垄断地位，欧盟反垄断机构因而采取的系列调查与裁判行为"。

1998 年，美国太阳微电子公司向欧盟委员会投诉微软公司具有市场垄断行为，宣称因为微软公司拒绝提供操作系统相关接入信息，使太阳微电子公司无法开发与操作系统相兼容的软件产品，进而使太阳微电子公司无法在服务器操作市场上生存发展。美国太阳微电子公司的投诉正式拉开欧盟反垄断机构对微软公司系列反垄断调查的序幕。

欧盟反垄断机构在对微软公司反垄断调查的基础上，裁罚态度日趋强硬。2004 年，由于微软公司拒绝与竞争对手共享操作系统的信息，作为欧盟反垄断执法监管机构的欧盟委员会裁定微软公司垄断行为成立，认为其滥用了在操作系统市场上的

第三章　网络平台企业典型性垄断行为基本特征与规制路径　◇

优势地位。欧盟委员会要求微软公司提供不带自身媒体播放器的操作系统版本，向竞争对手开放相关技术信息，以实现微软公司竞争对手的产品与微软公司平台的互操作性，并对微软公司处以4.972亿欧元的巨额罚款。

微软公司就欧盟委员会的裁定向欧盟初审法院提起上诉。2007年9月17日，欧盟初审法院作出判决，明确支持欧盟委员会于2004年3月对微软公司垄断行为作出的处罚。欧盟初审法院认为，欧盟委员会关于微软公司滥用市场垄断地位违反《欧共体条约》第82条的评估是正确的。欧盟初审法院认可了欧盟委员会的判定，即接入信息（Schnittstelleninformationen）——竞争者为了实现其产品与特定服务器的互操作性（Interoperabilität）所必需的信息——的非公开性应视作《欧共体条约》第82条意义上的滥用行为。

对于微软公司知识产权拒绝许可行为可能对市场竞争造成的具体影响力，欧盟反垄断机构的审查不仅范围十分宽泛，而且标准掌握也十分严苛。按照执法监管机构欧盟委员会的观点，微软公司拒绝向竞争者提供接入信息将导致以下严重后果：微软公司在操作系统市场长期的垄断地位使其具有制定"与工作组操作系统具有互操作性之事实上标准"的能力，从而可能将竞争者完全排挤出工作组操作系统市场。

在对微软公司垄断行为的调查过程中，欧盟委员会认定微软公司拒绝向竞争对手提供可在网络服务器与视窗操作系统之间建立互操作性的信息。欧盟委员会认为，微软公司在个人电脑操作系统（PC-Betriebssysteme）与工作组操作系统（Arbeitsgruppen-Betriebssysteme）市场上具有支配地位，因而微软公司拒绝共享互操作性信息的行为构成违反《欧共体条约》第82条（现《欧盟运行条约》第102条）的滥用市场支配地位垄断行为。[1]

尽管欧盟委员会通告确认了司法实践中"单纯垄断地位的存在并不违反欧盟反垄断法"这一原则,但却明确加重了以微软公司为代表的垄断企业的社会责任,强调垄断企业负有"不得因其行为导致统一市场上有效非扭曲竞争之限制"的特别责任。在微软公司垄断案中,欧盟委员会得出以下三项结论:[2]

第一,在个人电脑市场上,微软公司具有多年以来不断拓展的市场支配地位。基于此,在微软公司设定关于工作组操作系统的互操作性的事实标准时,可以在很大程度上独立于其竞争对手作出决定。然而,对于所有工作组操作系统而言,它们得以在市场上存续的必不可少的前提是它们与视窗操作系统之间具有互操作性。

第二,根据搜集的市场数据可知,在工作组操作系统市场上存在重大的排除竞争的风险。基于这一态势,微软公司应当公开其互操作性信息,别无选择。

第三,微软公司拒绝透露互操作性信息的行为遏制相关市场中的创新,并减损消费者的选择权。其原因在于,访问接口对于建立新的具有竞争性的操作系统而言至关重要。

综上所述,欧盟委员会认为,在网络服务器与视窗操作系统之间建立具有互操作性的接口对于维护竞争而言具有至关重要的意义。欧盟委员会进一步认为,在存在强大网络效应的软件市场,如果一项行为足够导致限制竞争的风险,那么该项行为就可被认定为《欧共体条约》第82条(现《欧盟运行条约》

---

[1] Beckmann/Müller, in: Hoeren/Sieber/Holznagel, Multimedia - Recht, Werkstand: 54. EL Oktober 2020, Teil 10 Kartellrecht, Rn. 232.

[2] Beckmann/Müller, in: Hoeren/Sieber/Holznagel, Multimedia - Recht, Werkstand: 54. EL Oktober 2020, Teil 10 Kartellrecht, Rn. 232.

第 102 条）所禁止的滥用市场支配地位垄断行为。而在这类软件市场中，限制竞争行为很难被逆转。

在微软公司案件反垄断裁定中，欧盟委员会明确主张以保障广大消费者利益为圭臬，以捍卫有效市场竞争为根本准则，强调保护市场竞争而非单纯保护竞争者，而只将对市场参与者利益的保护视为对消费者利益保护的工具之一。欧盟委员会认为，由于微软公司拒绝公开互操作性信息，这导致其竞争对手的工作组服务器与视窗操作系统之间缺乏互操作性，并可能导致消费者福利受到损害。具体而言，在微软公司拒绝向欧盟同业竞争对手公开互操作性信息的情形下，消费者将转而使用由微软公司所提供的完整系统，被迫使用微软公司体系内的产品与服务，而不再使用微软公司竞争对手的产品、服务、系统，这将使消费者无法从微软公司竞争对手的创新行为中获利；与此同时，由于消费者需求不足，微软公司的竞争对手亦缺乏开发新产品、服务的动力，这将使创新驱动型的竞争机制陷入停滞状态。[1]

（三）域内反垄断法视野下链接封禁规制路径的建构思路

在域内反垄断司法领域，涉及链接封禁行为的典型案例包括 2019 年律师张正鑫起诉腾讯链接封禁案、2021 年字节跳动旗下抖音起诉腾讯链接封禁案。其中，后一案件被称为"互联网平台反垄断第一案"。两案具体案情如下：

（1）律师张正鑫起诉腾讯链接封禁案。2019 年，律师张正鑫将微信所属公司腾讯科技（北京）有限公司告上法庭。张正鑫主张，由于他无法通过微信直接向好友发送淘宝商品链接和抖音视频链接，因而微信运营者的行为不仅侵犯他的通信自由

---

[1] Beckmann/Müller, in: Hoeren/Sieber/Holznagel, Multimedia-Recht, Werkstand: 54. EL Oktober 2020, Teil 10 Kartellrecht, Rn. 233 f.

权,而且也违反《反垄断法》相关规定。2019年4月23日,北京知识产权法院正式受理此案。

在张正鑫看来,腾讯公司是具有市场支配地位的经营者。张正鑫表示:"作为一名微信注册用户,我是腾讯公司的交易相对人。对于通过微信向微信好友发送信息、查看好友信息、发送红包及转账等行为,这均是与腾讯公司的交易行为。……腾讯的微信软件具有发送文字、图片、语音、短视频及网页链接等即时通信功能,微信用户享有使用以上功能的权利,腾讯公司在我通过微信向好友发送淘宝链接及抖音链接时,拒绝了我的交易请求,这种拒绝交易的行为侵犯了我的通信自由权。"张正鑫在起诉书中还提到,淘宝运营者与抖音运营者与本案的诉讼请求具有《反垄断法》意义上利害关系,所以他在立案同时递交了通知淘宝运营者淘宝(中国)软件有限公司及抖音运营者北京微播视界科技有限公司作为本案第三人参加诉讼的申请书。

(2)字节跳动旗下抖音起诉腾讯链接封禁案。2021年2月,字节跳动旗下的抖音向北京知识产权法院起诉腾讯,认为后者具有"滥用市场支配地位,排除、限制竞争"的垄断行为。抖音表示,腾讯通过微信和QQ限制用户分享来自抖音的内容,构成《反垄断法》所禁止的"滥用市场支配地位,排除、限制竞争"的垄断行为。抖音要求法院判令腾讯立即停止这一行为,刊登公开声明消除不良影响,并赔偿抖音经济损失及合理费用9000万元。

抖音在起诉状中表示,腾讯旗下的微信、QQ月活跃用户数分别超过12亿和6亿,目前市场上没有其他经营者能够提供对等功能的服务,这意味着腾讯"具有市场支配地位"。基于此,抖音认为,腾讯封禁抖音的行为具有滥用市场支配地位行为的

第三章 网络平台企业典型性垄断行为基本特征与规制路径

表征，封禁不仅损害用户权益，破坏抖音产品和服务的正常运营，还排除、限制市场竞争，妨碍了技术进步和创新。由于抖音与腾讯关于封禁垄断的争议延宕已久，封禁影响业已波及数以亿计的用户，因而本次诉讼案被称为"互联网平台反垄断第一案"，它使司法权力正式介入对封禁垄断行为的调查与裁判，这无疑有利于重塑与强化平台经济领域的公平竞争秩序。

总括而言，我国网络平台企业实施的不予直链、限制内容分享等各类链接封禁行为具有多元化的动机与动因。基于此，我国执法、司法机关有必要依据《反垄断法》《反不正当竞争法》《电子商务法》等法律法规，结合个案具体情形判定链接封禁行为是否具有违法属性。在个案情形下，执法、司法机关可以依据防护性标准与经济性标准来判定链接封禁行为是否具有正当性与合法性。

依据防护性标准，如果网络平台企业不实施不予直链、拒绝开放 API 等链接封禁行为，那么该平台企业将无法正常提供其网络产品与服务，抑或该平台企业合法权益将受到侵害，那么该网络平台企业实施的不予直链、拒绝开放 API 等链接封禁行为就具有正当性与合法性；反之，网络平台企业实施的链接封禁行为就具有违法嫌疑。

依据经济性标准，如果网络平台企业不实施不予直链、拒绝开放 API 等链接封禁行为，该平台企业将额外负担过于高昂的设施改造成本与维护成本，那么该网络平台企业实施的不予直链、拒绝开放 API 等链接封禁行为就具有正当性与合法性；反之，网络平台企业实施的链接封禁行为就具有违法嫌疑。

基于竞争法规制视野，不予直链、拒绝开放 API 等链接封禁行为既可能构成不正当竞争行为，又可能构成滥用市场支配地位的垄断行为。具言之，网络平台企业所实施的链接封禁行为涉嫌违反我国《反不正当竞争法》第 12 条。依据我国《反不正当竞争法》第 12 条第 2 款第 3 项规定,经营者不得利用技术手段,通过影响用户选择或者其他方式,恶意对其他经营者合法提供的网络产品或者服务实施不兼容。根据该项规定,网络平台企业所实施的链接封禁行为涉嫌构成"恶意不兼容"的不正当竞争行为。

具言之,"恶意"是构成《反不正当竞争法》第 12 条第 2 款第 3 项所禁止的"恶意不兼容"行为的重要要件。在市场竞争过程中,即使一项不兼容行为是由经营者主观上故意为之,也不能必然得出该项不兼容行为构成"恶意不兼容"行为的结论。但是,如果经营者故意实施一项不兼容行为,并且该项行为不符合诚实信用原则与公认的商业道德标准,那么该项不兼容行为就构成"恶意不兼容"行为。[1]如果一家网络平台企业实施不予直链、拒绝开放 API 等链接封禁行为的目的是排挤、打击竞争对手,那么这种扭曲公平竞争秩序的行为无疑违反诚实信用原则与公认的商业道德标准,它就构成《反不正当竞争法》第 12 条第 2 款第 3 项所禁止的"恶意不兼容"行为。

值得注意的是,无论网络平台企业是否具有市场支配地位,其实施的链接封禁行为均可构成"恶意不兼容"的不正当竞争行为。如果具有市场支配地位的超大型数字平台企业实施不予直链、拒绝开放 API、限制内容分享等链接封禁行为,那么该企业亦涉嫌构成违反我国《反垄断法》第 17 条的滥用市场支配地位的垄断行为。此外,链接封禁行为亦可能构成违反《电子商

---

[1] 参见陈学军、丁伟主编:《〈上海市反不正当竞争条例〉释义》,中国工商出版社 2021 年版,第 65 页。

第三章 网络平台企业典型性垄断行为基本特征与规制路径

务法》第22条与第35条的违法行为。[1]与《反不正当竞争法》《电子商务法》相比较，《反垄断法》针对链接封禁行为设定的法律责任更为严苛，因而对于实施链接封禁行为的网络平台企业具有更强的法律威慑力。

在法律实践的例外情形下，如果超大型网络平台企业严格依据法律法规进行平台治理，并对来自其他平台、网络的违法内容、侵扰行为进行符合比例原则的屏蔽、封禁，那么这类链接封禁行为无疑属于合法行为范畴。但在数字经济实践中，由超大型数字平台企业实施的绝大多数不予直链、拒绝开放API等链接封禁行为不具有法律依据与事实基础，亦不符合防护性标准与经济性标准的要求，它们已经异化为超大型数字平台企业排斥异己与自我强化的常用手段。通过实施链接封禁行为，超大型数字平台企业不仅可以挤压其竞争对手的生存空间，导致竞争对手被边缘化，而且可以劫持其竞争对手的流量，进一步强化自身的市场垄断地位。通过域外经验可知，由于亚马逊、苹果、脸书、谷歌等超大型数字平台企业已经控制数字经济领域配置资源的关键渠道，因而这类企业已经扮演数字经济领域的"守门人"角色，海量的企业需要依靠超大型数字平台企业控制的关键渠道来接触客户与进入市场。[2]在此情形下，作为超大型数字平台企业的脸书公司采取拒绝开放API等链接封禁

---

[1]《电子商务法》第22条规定：电子商务经营者因其技术优势、用户数量、对相关行业的控制能力以及其他经营者对该电子商务经营者在交易上的依赖程度等因素而具有市场支配地位的，不得滥用市场支配地位，排除、限制竞争。《电子商务法》第35条规定：电子商务平台经营者不得利用服务协议、交易规则以及技术等手段，对平台内经营者在平台内的交易、交易价格以及与其他经营者的交易等进行不合理限制或者附加不合理条件，或者向平台内经营者收取不合理费用。

[2] House Judiciary Committee, Investigation of Competition in Digital Markets, 2020, p. 39.

行为,拒绝其竞争对手使用其掌控的关键渠道,这无疑将使其竞争对手陷入举步维艰的境地。

数字经济相关市场的一项典型特征是用户的多归属性(Multi-Homing),具言之,用户通常在多个平台或网络中保持活跃使用状态。举例而言,用户为了满足一项特定的需求,能够并行不悖地使用多个相互之间具有可替代性的平台或网络。[1]多归属性的对立面为单归属性(Single-Homing)。用户的单归属性是指用户为了满足一项特定的需求,只能使用唯一的平台或网络。造成用户单归属性的原因既包括技术水准的客观限制,又涵盖网络平台企业的主观限制。

在我国数字经济相关市场,网络平台的用户既可能具有单归属性质,又可能具有多归属性质。从强化市场竞争机制视角分析,如果网络平台用户具有多归属性质,也就是说,用户可以并行使用多个同质化或相关联的网络平台,那么这无疑有利于强化网络平台企业之间的竞争。否则,如果用户仅能使用一个由超大型数字平台企业独自垄断的网络平台,而不能并行使用其他同质化或相关联的网络平台,那么就会导致网络平台领域出现"竞争瓶颈"。[2]在数字经济相关市场,用户多归属性的形成主要取决于以下因素:其一,超大型数字平台企业实施的平台封禁行为是否得到有效遏制;其二,用户需要承担的平台转换成本有多高;其三,用户使用平台是否需要承担固定成本。[3]

---

〔1〕 Bundeskartellamt, Big Data und Wettbewerb, Schriftenreihe „Wettbewerb und Verbraucherschutz in der digitalen Wirtschaft", Oktober 2017, S. 5.

〔2〕 Monopolkommission, Wettbewerbspolitik: Herausforderung digitale Märkte, Sondergutachten 68, Bonn, im Juni 2015, S. 37.

〔3〕 Monopolkommission, Wettbewerbspolitik: Herausforderung digitale Märkte, Sondergutachten 68, Bonn, im Juni 2015, S. 37.

第三章　网络平台企业典型性垄断行为基本特征与规制路径 ◇

就危害后果而言，我国超大型数字平台企业实施的以排除、限制竞争为目标的链接封禁垄断行为不仅损害其竞争对手的公平竞争权与自由竞争权，而且损害用户的"数据主权"与多归属性。具言之，超大型数字平台企业的用户应当拥有自身数据的可携带权，他们不仅应当有权访问超大型数字平台以外的其他平台与网络，而且应当有权将自身数据在超大型数字平台与其他平台、网络之间进行自由移转。然而，超大型数字平台企业可以经由拒绝开放 API 的方式，限制乃至消除其平台与其他平台、网络之间的互操作性，从而侵害其用户的数据可携带权。

由于社交网络、移动即时通信网络属于数据驱动型产品范畴，因而社交网络平台、移动即时通信网络平台的经营者在对用户个人数据进行处理时，不仅需要受到数据安全监管机构的监管，而且在数据访问权限构成市场竞争领域经营者市场地位的关键影响因子时，还需要受到反垄断执法机关的监管。[1] 具言之，反垄断执法机关不仅有必要统筹识别、厘定与规制相互之间存在紧密关联的链接封禁行为与数据垄断行为，而且应当明晰厘定用户"数据主权"相较于平台企业的数据使用权益所具有的更高价值位阶。

不容忽视的是，在免费提供平台服务的数字经济相关市场，用户最为关注的是平台服务的供给质量；在此情形下，如果平台服务供给质量主要取决于提供平台服务的网络平台企业的经验积累与网络效应，那么已经进入相关市场经营的超大型数字平台企业将获得"先入为王"优势，而最新进入相关市场经营的网络平台企业很难提供与先入市场的超大型数字平台企业同

---

[1] Vgl. Bundeskartellamt, Hintergrundinformationen zum Facebook-Verfahren des Bundeskartellamtes, 19. Dezember 2017, S. 2.

等供给质量的平台服务。[1]这客观上为先进入相关市场经营的超大型数字平台企业实施封禁对手的行为提供前提条件。

如果一家网络平台企业在一个相关市场获得市场支配地位，那么该家企业可能出于攫取垄断暴利的动机，采用非竞争性手段维护、强化在初始相关市场既有的市场支配地位，甚至将其在初始相关市场的支配力拓展到其他关联的相关市场，形成双轮、多轮垄断的态势。此处所述的"非竞争性手段"包括：①针对竞争对手设置市场准入壁垒；②在横跨多元相关市场领域应用市场影响力。[2]依据域外反垄断实践，占据市场支配地位的企业可能利用自偏好（Selbstbevorzugung）、耦合（Kopplung）、排他性（Exklusivität）等工具，以维护与强化其既有的支配地位。[3]具言之，网络平台企业通过实施不予直链、拒绝开放API等链接封禁行为，可以实现自偏好（差别待遇）与排斥竞争对手的双重目标，从而通过封禁竞争对手的市场准入渠道的方式，在多元相关市场巩固与扩大其市场影响力，最终攫取垄断暴利。

在2021年下半年召开的"屏蔽网址链接问题行政指导会"上，工信部提出即时通信软件合规标准，要求系统性清理平台恶意封禁的顽疾。依据工信部的行业监管要求，各个超大型数字平台企业已经不同程度地实施了解除恶意屏蔽和促进互联互通的举措。[4]

---

[1] Bundeskartellamt, Big Data und Wettbewerb, Schriftenreihe „Wettbewerb und Verbraucherschutz in der digitalen Wirtschaft", Oktober 2017, S. 6.

[2] Vgl. Bundeskartellamt, Hintergrundpapier, Was kann und soll die kartellrechtliche Missbrauchsaufsicht? Tagung des Arbeitskreises Kartellrecht, 4. Oktober 2018, S. 23.

[3] Vgl. Bundeskartellamt, Hintergrundpapier, Was kann und soll die kartellrechtliche Missbrauchsaufsicht? Tagung des Arbeitskreises Kartellrecht, 4. Oktober 2018, S. 23.

[4] 以下部分内容参见翟巍：《互联互通助力平台经济规范有序发展》，载《法治日报》2021年9月23日，第5版。

第三章 网络平台企业典型性垄断行为基本特征与规制路径

数据的自由流转、交易与融合是实现平台经济可持续发展的必要前提。超大型数字平台企业施行的"以邻为壑"的封禁行为背离平台经济互联互通的基本属性，无谓增加社会公众的交易成本，不利于实现平台经济高质量、可持续发展。工信部从行业监管视角解除平台封禁，拆除超大型数字平台企业设置的拒绝联通的"围墙"与"篱笆"，避免了超大型数字平台企业将吸附公共数据资源、流量资源的互联网"公共领地"异化为"私家花园"。这一解除封禁事件是促进互联网行业互联互通的里程碑，但它并非实现全面互联互通的终止符。由于超大型数字平台企业都各自掌控庞大的底部生态平台系统，因而继续有序推进各大底部生态系统之间的嵌合、兼容、联通，是实现平台经济领域全面互联互通的必然选择。

从公平竞争视角分析，解除平台封禁实现互联互通，可以督促超大型数字平台企业摒弃独占"流量池"的垄断暴利模式，在各个超大型数字平台企业之间形成公平竞争、有序竞争的格局，从而最大程度发挥平台经济的正向效应。除此以外，解除平台封禁还可以有效防范超大型数字平台企业遏制创新的"掐尖式"封禁，避免互联网行业出现"大树底下不长草"的局面。

具体来说，"掐尖式"封禁对创新驱动型中小企业的危害表现在两方面：其一，超大型数字平台企业可以拒绝创新驱动型中小企业的新型产品、服务接入由其掌控的具有必要设施属性的超大型平台，从而迫使这类企业的新型产品、服务丧失联结广大用户的主要渠道，挤压这类企业的生存与发展空间，最终导致互联网行业创新机制的形骸化；其二，超大型数字平台企业可能仿制被其封禁的创新驱动型中小企业的新型产品、服务，并在其所掌控的超大型平台内销售仿制产品、服务，从而变相剥夺创新驱动型中小企业的创新成果，在互联网行业形成"劣币驱逐良币"态势。

　　基于上述，在进入全面互联互通的平台经济时代之后，无论是超大型、大型数字平台企业，还是中小企业、初创企业都将摆脱封禁垄断的樊笼，主动聚焦于技术、业态、模式创新的星辰大海，从而推动互联网行业实现以科技创新为导向的高质量迭代发展。

　　互联网安全是发展的前提与底线。随着互联网即将进入全面"互联互通"时代，如何有效防范与治理恶意营销、骚扰、诈骗等违法外链成为社会关注议题。在防范与治理违法外链层面，国内超大型、大型数字平台企业已经具有充分的经验积累与技术储备。在互联互通之后，超大型、大型数字平台企业应当在监管机关的协调引导之下，改变之前在防范、治理违法外链问题上标准不一、各自为战的局面。它们应当协调各自平台标准、技术手段、处置规则，共同建立治理违法外链的信息共享机制与全链条追溯机制，从而借助互联互通的力量加持，构筑与强化对违法外链的跨平台监管机制，以维持互联网行业良好内容生态。

　　值得关注的是，部分中小企业、初创企业在防范与治理违法外链问题上缺乏有效的技术手段及相关经验。在互联互通之后，这些企业所属平台可能成为防治违法外链的"洼地"。因而，监管机关应当强化对这类企业防治违法外链的合规指引，并引导超大型、大型数字平台企业为这类企业防治违法外链提供技术支撑。

　　此外，我国《个人信息保护法》已经生效。在互联互通格局下，各平台企业有必要未雨绸缪，遵循《个人信息保护法》确立的公开、公平、公正原则，制定相互协同的个人信息保护平台规则，形成保护个人信息的统合力，确保平台经济在安全的前提下得以规范有序发展。

综上所述，互联互通不仅有助于形成以科技创新为根本导向的平台经济发展态势，而且有利于建构跨平台的安全治理机制。在全面互联互通的格局下，社会公众的交易成本势必大幅度降低，其自由选择权与公平交易权得到有效保障，这无疑充分契合共同富裕目标，确保了社会公众可以无障碍与无阻隔地共享平台经济发展红利。

第二节 "二选一"行为基本特征与规制路径

狭义的"二选一"行为主要是指头部网络平台企业要求其用户在该平台与其他平台之间进行"有我没他、有他没我"的选择。[1]广义的"二选一"行为还包括：①头部网络平台企业对其他平台或者应用内容实施不予直链的行为；②头部网络平台企业对其他平台或者应用内容关闭API的行为。[2]本小节内容主要针对狭义"二选一"行为的反垄断规制进行研讨。

一、"二选一"行为基本特征

在数字经济相关市场，如果一家网络平台企业采用合法的竞争性手段获得市场优势地位乃至支配地位，那么这家企业不应受到反垄断调查与处罚。举例而言，一家网络平台企业可以通过"提供优质产品与服务""完美市场营销""特别优惠价格"等

---

[1] 张江莉、张镭：《互联网"平台封禁"的反垄断法规制》，载《竞争政策研究》2020年第5期。

[2] 张江莉、张镭：《互联网"平台封禁"的反垄断法规制》，载《竞争政策研究》2020年第5期。

方式吸引广大用户，从而在相关市场合法占据支配地位。[1]然而，如果一家网络平台企业在一个数字经济相关市场具有非常强大的支配地位，以至于其企业的用户对其产生高度黏附性，无法轻易放弃使用该平台，那么这家网络平台企业可能出于盈利最大化的动机，加强其平台商业模式的货币化进程，向作为交易相对方的用户收取不合理的费用，或者通过其他方式损害用户权益，以攫取自身暴利。基于反垄断法视角，网络平台企业实施的这类行为可被认定为"剥削性滥用"（Ausbeutungsmissbrauch）的垄断行为，属于滥用市场支配地位行为的具体类型之一。[2]基于此，在若干具有较高市场集中度的数字经济相关市场，反垄断执法机关亟需解决的一项法律问题是：应当在何种程度上对网络平台企业滥用市场力的行为进行管控，从而为网络平台企业的交易相对方提供保护，以确保在各项交易关系中实现分配正义（Verteilungsgerechtigkeit）。[3]

近十年来，互联网平台经济领域涉及"二选一"行为的争议事件频繁发生。譬如，2020年，电商市场"二选一"纠纷再起波澜。上海众旦（爱库存）发布声明，指责唯品会明令其商家不得与爱库存合作，而唯品会则否认实施了"二选一"行为，宣称它没有强令其商家下架在爱库存上的商品与活动。虽然爱库存与唯品会在关于"二选一"的争议中各执一端，但无可否认的是，近年来电商市场的"二选一"行为呈现普遍化与隐蔽化趋势。一方面，以往只有超大型数字平台企业涉嫌实施"二

---

〔1〕 Vgl. Bundeskartellamt, Hintergrundpapier, Was kann und soll die kartellrechtliche Missbrauchsaufsicht? Tagung des Arbeitskreises Kartellrecht, 4. Oktober 2018, S. 22.

〔2〕 Bundeskartellamt, Hintergrundpapier, Was kann und soll die kartellrechtliche Missbrauchsaufsicht? Tagung des Arbeitskreises Kartellrecht, 4. Oktober 2018, S. 26.

〔3〕 Bundeskartellamt, Hintergrundpapier, Was kann und soll die kartellrechtliche Missbrauchsaufsicht? Tagung des Arbeitskreises Kartellrecht, 4. Oktober 2018, S. 26.

选一"行为,但当前大型与中型网络平台企业也有动机与能力在细分市场上实施"二选一"行为;另一方面,电商平台企业已经意识到"二选一"行为的违法违规风险,因而它们不再使用直接与明显的方式采取"二选一"行为,而是开始采取言语暗示、搜索降维等隐秘的手段变相强迫商家接受"二选一"要求。这种"纸面合规"而实质违法的行为严重扭曲市场竞争机制。

虽然电商平台企业以及其他类型网络平台企业实施的"二选一"行为并非必然违法,但大多数"二选一"行为涉嫌构成违反《反垄断法》《反不正当竞争法》《电子商务法》的行为,并且危害性显著。从微观效果上看,大多数"二选一"行为不仅损害平台企业竞争对手的公平竞争权与平台内商家自主经营权,而且也侵害广大消费者自由选择权。从宏观效果上看,如果"二选一"行为得不到有效遏制,那么网络平台企业将会日益倾向于利用这类行为攫取市场竞争优势,最终丧失竞争动力与创新意识,而互联网平台经济相关市场也会出现由一家平台企业独占垄断或由几家平台企业联合寡头垄断的局面,并因此导致市场竞争机制倾覆的后果。

二、"二选一"行为规制路径

我国国务院反垄断委员会《关于平台经济领域的反垄断指南》第15条第1款规定了具有市场支配地位的平台经济领域经营者,可能滥用市场支配地位,无正当理由对交易相对人进行限定交易,排除、限制市场竞争。分析是否构成限定交易行为,可以考虑以下因素:①要求平台内经营者在竞争性平台间进行"二选一",或者限定交易相对人与其进行独家交易的其他行为;②限定交易相对人只能与其指定的经营者进行交易,或者通过其指定渠道等限定方式进行交易；③限定交易相对人不得与特定经营者进行交易。基于此，由具有市场支配地位的网络平台企业实施的"二选一"行为涉嫌构成滥用市场支配地位的垄断行为。依据国务院反垄断委员会《关于平台经济领域的反垄断指南》第15条第2款规定，网络平台企业所实施的"二选一"行为具有以下表现形式：其一，书面协议方式；其二，通过电话、口头方式与交易相对人商定；其三，在平台规则、数据、算法、技术等方面实际设置限制或者障碍的方式。

在反垄断规制框架下，网络平台企业可以就其所实施的"二选一"行为提出抗辩，证明其所实施的"二选一"行为属于具有正当理由的合法行为。依据国务院反垄断委员会《关于平台经济领域的反垄断指南》第15条第4款规定，网络平台企业实施的"二选一"行为可能具有以下正当理由：①为保护交易相对人和消费者利益所必须；②为保护知识产权、商业机密或者数据安全所必须；③为保护针对交易进行的特定资源投入所必须；④为维护合理的经营模式所必须；⑤能够证明行为具有正当性的其他理由。

不容忽视的是，依据国务院反垄断委员会《关于平台经济领域的反垄断指南》第7条第2款规定，网络平台企业要求平台内经营者在商品价格、数量等方面向其提供等于或者优于其他竞争性平台的交易条件的行为可能构成垄断协议，也可能构成滥用市场支配地位行为。

尽管在互联网平台经济领域出现的众多"二选一"行为具有明显负面效果，但我国执法与司法机关在规制这类行为时却面临不小的障碍和挑战。一方面，由于网络平台企业在实施"二选一"行为时刻意采取隐秘方式，以防止留下违法违规证据，因而受到"二选一"行为侵害的企业在举报或诉讼时很难

第三章 网络平台企业典型性垄断行为基本特征与规制路径

提交证明自身诉求的相关证据,由此导致执法与司法机关难以依法支持受侵害企业的诉求;另一方面,我国现行法律体系在规制"二选一"行为方面处于"多龙治水"的尴尬境地。虽然《反垄断法》第17条、《反不正当竞争法》第2条、《电子商务法》第35条均可规制"二选一"行为,但这类法条的适用各有软肋。

其中,《反垄断法》第17条规制"二选一"行为的前提是:实施行为的主体必须具有市场支配地位。这一苛刻前提导致《反垄断法》只能适用于少量"二选一"行为。国家市场监督管理总局在2020年起草并公布的《关于平台经济领域的反垄断指南(征求意见稿)》第4条中曾有如下规定:"在特定个案中,如果直接事实证据充足,只有依赖市场支配地位才能实施的行为持续了相当长时间且损害效果明显,准确界定相关市场条件不足或非常困难,可以不界定相关市场,直接认定平台经济领域经营者实施了垄断行为。"然而,在正式公布的国务院反垄断委员会《关于平台经济领域的反垄断指南》中,这一颇具争议的规定被完全删除。因此,反垄断执法、司法机关在依据《反垄断法》第17条规制由网络平台企业实施的"二选一"行为时,依旧必须首先证明实施"二选一"行为的网络平台企业具有相关市场的支配地位,而这一举证行为呈现高难度与苛刻性的特征,因而它容易导致实施"二选一"行为产生垄断后果的网络平台企业最终逃脱反垄断处罚。

此外,虽然大多数"二选一"行为可被视为《反不正当竞争法》第2条界定的一般性不正当竞争行为,但一般性不正当竞争行为却没有相对应的行政法律责任,因而执法机关无法直接依据该法处罚实施"二选一"行为的网络平台企业。近年来《电子商务法》第35条被宽泛地界定为禁止"二选一"行为的条款，但这一条款所禁止行为相对应的行政法律责任较轻，因而它无法对滥施"二选一"行为的电商平台企业产生足够威慑力。

为了营造互联网平台经济领域的良好竞争秩序，切实保障广大消费者权益，我国公权力机关应当从立法、执法、司法层面完善"二选一"行为的规制机制。在立法层面，全国人大可以考虑在当前修订《反垄断法》之际，仿照德国《反限制竞争法》模式，在《反垄断法》中新增规制"滥用相对优势地位行为"的条款，并设定相对严苛的行政法律责任，使这一新增条款与原有的规制"滥用市场支配地位行为"条款构成全面规制"二选一"行为的反垄断条款体系。在执法层面，我国执法机关可以通过强化前置性与浸入性监管的方式，主动开启针对网络平台企业"二选一"行为的调查活动，并借助科技监管模式实现对"二选一"行为的回溯性调查与取证。执法机关还可以通过设置正面清单、存疑清单与负面清单方式，为网络平台企业设定清晰的"二选一"行为合规指南。在司法层面，司法机关有必要在长期实践基础上，设定关于"二选一"行为合法与否的细化评判标准，并逐步解决由"二选一"行为所导致的"消费者群体福利损失的量化计算问题"与"损害赔偿的公平分配问题"。

迄今为止，阿里巴巴"二选一"垄断案与上海食派士"二选一"垄断案是我国反垄断执法机关针对平台经济领域"二选一"垄断行为予以规制的典型执法案例，这两项案例的行政处罚决定书具有较强的引领性与指导性。

（一）阿里巴巴"二选一"垄断案

2021年4月10日，阿里巴巴"二选一"垄断案处理结果公布，国家市场监督管理总局依法对阿里巴巴实施"二选一"的滥用市场支配地位垄断行为作出行政处罚：责令其停止实施

第三章　网络平台企业典型性垄断行为基本特征与规制路径 ◇

"二选一"违法行为,并处以其2019年销售额4%计182.28亿元罚款。[1]

国家市场监督管理总局在《行政处罚决定书》中认为,阿里巴巴采取多种奖惩措施保障"二选一"要求实施。阿里巴巴一方面通过流量支持等激励性措施促使平台内经营者执行"二选一"要求,另一方面通过人工检查和互联网技术手段监控等方式,监测平台内经营者在其他竞争性平台开店或者参加促销活动情况,并凭借市场力量、平台规则和数据、算法等技术手段,对不执行其相关要求的平台内经营者实施处罚,包括减少促销活动资源支持、取消参加促销活动资格、搜索降权、取消在平台上的其他重大权益等。[2]

在本次案件中,国家市场监督管理总局依据《反垄断法》第17条对阿里巴巴作出处罚,具有以下重要影响:

第一,尽管以前国家市场监督管理总局曾经依据《反不正当竞争法》对相关企业的"二选一"行为作出相应处罚,但本案是国家市场监督管理总局依据《反垄断法》对"二选一"行为作出处罚的首例案件,它为互联网平台经济领域长期存在的"二选一"行为的系统性规制设定了参考标准,并将为尚处于诉讼过程中的京东诉天猫等"二选一"纠纷案件提供参照标准。

第二,相较于当年国家发展改革委在处罚高通公司滥用市场支配地位垄断案件中厘定的8%的处罚标准,国家市场监督管理总局在本案中以2019年销售额的4%计算罚款,该比例处于

---

〔1〕《阿里巴巴集团"二选一"垄断行为案的行政处罚决定书(国市监处〔2021〕28号)与行政指导书》,载http://www.samr.gov.cn/xw/zj/202104/t20210410_327702.html,最后访问日期:2021年5月11日。

〔2〕《阿里巴巴集团"二选一"垄断行为案的行政处罚决定书(国市监处〔2021〕28号)与行政指导书》,载http://www.samr.gov.cn/xw/zj/202104/t20210410_327702.html,最后访问日期:2021年5月11日。

《反垄断法》1%~10%的法定罚款标准的中位水准。综合而言，本次处罚对阿里巴巴的最大直接影响并不是182.28亿元罚款，而是责令其停止"二选一"的违法行为。阿里巴巴在整改"二选一"违法行为过程中所损失的垄断红利将远大于182.28亿元的纸面罚款。比较遗憾的是，国家市场监督管理总局在本案中依旧没有依据《反垄断法》第47条对阿里巴巴处以没收违法所得的处罚。由于在涉及垄断行为处罚的执法案例中，执法机关对垄断企业处以没收违法所得的案例非常少，因而对于如何界定"二选一"等垄断行为导致的违法所得额度问题，还有待国家市场监督管理总局在此后发布的法律文件或执法案例中予以厘定。[1]

2021年10月8日，国家市场监督管理总局根据《反垄断法》第47条、第49条的规定，依法对美团在网络餐饮外卖平台服务市场实施"二选一"垄断行为作出行政处罚决定，责令美团停止违法行为，全额退还独家合作保证金12.89亿元，并处以其2020年中国境内销售额1147.48亿元3%的罚款，计34.42亿元。国家市场监督管理总局对美团作出的《行政处罚决定书》基本承袭了它在阿里巴巴"二选一"垄断案中的反垄断执法思路与标准。[2]

（二）上海食派士"二选一"垄断案

据上海市市场监管局2021年4月12日公布的消息，位于上海市的英文外卖平台食派士因实施"二选一"垄断行为，被予以行政处罚，罚款金额为食派士2018年销售额的3%（116.86万元）。上海食派士"二选一"垄断案是首例由省级反垄断执法机

---

[1] 翟巍、金震华：《阿里巴巴被反垄断处罚的启示》，载《华政竞争法研究中心》头条号，2021年4月11日。

[2]《美团"二选一"垄断行为案的行政处罚决定书（国市监处罚〔2021〕74号）与行政指导书》，载 https://www.samr.gov.cn/fldj/tzgg/xzcf/202110/t20211008_335367.html，最后访问日期：2022年3月28日。

第三章　网络平台企业典型性垄断行为基本特征与规制路径 ◇

关实施的针对"二选一"垄断行为的执法处罚案件,堪称上海市市场监管局在平台经济领域强化反垄断监管的里程碑式成果。[1]

在相关市场界定层面,上海市市场监管局从供给替代与需求替代分析视角,将本案相关市场厘定为在上海市提供英文服务的在线餐饮外送平台服务市场,这应当是域内首个依据服务所涉语言类型进行相关市场细化区分的反垄断案例。它为后续反垄断案例的相关市场界定提供了适格路径与创新思路。值得注意的是,虽然该案中被处罚的食派士平台企业在细分相关市场被认定为具有市场支配地位,但是该网络平台企业与社会公众普遍关注的超大型数字平台企业相比,其本身的体量较小。基于此,上海市市场监管局的反垄断处罚亦表明,对于在各个细分相关市场经营的网络平台企业而言,《反垄断法》在平台经济领域的实施强度与力度均一视同仁。反垄断执法机关不仅关注阿里巴巴等超大型数字平台企业实施的"二选一"垄断行为,而且同样注重查处体量不大但具有市场支配地位的网络平台企业实施的"二选一"垄断行为。

在该案行政处罚决定书中,上海市市场监管局依据《反垄断法》第17条、第47条、第49条等相关规定,综合运用经济学分析、社会学实证调查以及假定垄断者测试等反垄断法学分析方法与工具,使该案的执法思路、调查路径与处罚决定呈现精细化、专业化、明晰化。一言以蔽之,该案行政处罚决定书兼具学术性、理论性与鲜明的实证性。它的书面论述呈现出较高的反垄断学术水准与理论深度,而这种精深的论述系以详尽

---

[1] 参见翟巍:《反垄断法对各类市场主体一视同仁》,载《中国市场监管报》2021年4月29日,第3版。《上海食派士"二选一"垄断行为案的行政处罚决定书(沪市监反垄处〔2020〕06201901001号)》,载 http://www.samr.gov.cn/fldj/tzgg/xzcf/202104/t20210412_327737.html,最后访问日期:2021年5月11日。

的实证研究与量化数据分析为前提要件。由此可以预见,该案行政处罚决定书不仅对于将来互联网平台经济领域"二选一"行为的执法规制具有标杆性意义,而且将为互联网平台经济领域"二选一"行为的司法裁判提供重要参照标准。

基于域外借鉴视角,在2020年底美国联邦贸易委员会针对脸书公司发起的反垄断诉讼案件中,脸书公司被指控的垄断行为就包括拒绝兼容的屏蔽型行为。这一行为亦可被归属于广义的"二选一"行为范畴。具体来说,脸书公司滥用其在个人社交网络市场的支配地位,针对竞品类App制定APIs接入限制条件,强行迫使开发者不得与脸书公司竞争对手进行数据接入等领域的合作,从而直接隔断同类社交网络产品应用程序的API接口。在欧盟法律框架下,由大型网络平台企业实施的屏蔽型"二选一"行为涉嫌构成"滥用排他性行为"(Behinderungsmissbrauch)或"排他性协议"(Ausschließlichkeitsbind-ungen)形态的滥用市场支配地位垄断行为,这类垄断行为被《欧盟运行条约》第102条禁止。

第三节 轴辐协议基本特征与规制路径

轴辐协议(hub and spoke conspiracy)属于舶来词。该类协议可被宽泛视为横向垄断协议与纵向垄断协议的混合类型。不过,轴辐协议与纯粹意义上的横向垄断协议、纵向垄断协议之间存在显著差异。

一、轴辐协议基本特征

在美国反垄断法领域,轴辐协议指代一种特定类型的横向共谋,在这种横向共谋框架下,轴心经营者与辐条经营者之间存在纵向的关联关系。[1]具体而言，轴辐协议通常涉及两组不同的经营者，一组是作为轴心（Hub）的经营者（一般情形下，数量仅有一个），另一组是作为辐条（Spoke）的具有竞争关系的经营者（数量至少为两个），而纯粹意义上的横向垄断协议仅仅涉及相互间具有竞争关系的经营者。[2]此外，虽然轴辐协议涉及纵向层面的限制竞争安排，但其限制竞争的效果却与横向垄断行为的限制竞争效果类同，因而轴辐协议与纯粹意义上的纵向垄断协议之间亦存在重大差异。

二、轴辐协议规制路径

由于我国现行《反垄断法》所禁止的垄断协议类型仅仅涵盖横向垄断协议与纵向垄断协议，因而在执法与司法实践中，反垄断执法与司法机关通常根据个案情形将轴辐协议厘定为横向垄断协议或纵向垄断协议，然后再设定相应规制措施。在互联网平台经济领域，由于平台经营者对具有竞争关系的平台内经营者具有天然的影响力与引导力，因而平台经营者、平台内经营者可能通过促成轴辐协议的方式在横向抑或纵向层面排除、限制竞争，以攫取垄断暴利。基于这一情形，国务院反垄断委员会《关于平台经济领域的反垄断指南》第8条作出如下针对性规定："具有竞争关系的平台内经营者可能借助与平台经营者之间的纵向关系，或者由平台经营者组织、协调，达成具有横向垄断协议效果的轴辐协议。分析该协议是否属于《反垄断法》第13条、第14条规制的垄断协议，可以考虑具有竞争关系的平台内经营者之间是否利用技术手段、平台规则、数据和算法等

---

[1] OECD, Hub-and-spoke arrangements-Note by the United States, DAF/COMP/WD (2019) 88, 4 December 2019, p.2.

[2] 侯利阳：《轴辐协议的违法性辨析》，载《中外法学》2019年第6期。

方式，达成、实施垄断协议，排除、限制相关市场竞争。"

依据《关于平台经济领域的反垄断指南》第 8 条规定，我国反垄断执法机关在评判由网络平台企业参与制定、实施的轴辐协议时，应当依据个案情形将其定性为横向垄断协议（《反垄断法》第 13 条）或纵向垄断协议（《反垄断法》第 14 条）。不容忽视的是，由网络平台企业、网络平台内经营企业参与制定、实施的轴辐协议亦可能同时构成《反垄断法》第 13 条、第 14 条规制的由横向、纵向垄断协议混合而成的复合型垄断协议。参照美国逾八十年的涉及轴辐协议的反垄断法律实践，我国反垄断执法机关在识别与规制由网络平台企业参与制定、实施的轴辐协议时，应当着重证明协议导致横向排除、限制竞争的可能性或后果。[1]也就是说，"横向排除、限制竞争的可能性或后果"应当被视为"垄断协议的轴辐协议得以构成"的核心要件。

第四节　协同行为基本特征与规制路径

依据我国《反垄断法》第 13 条第 2 款规定，垄断协议是指排除、限制竞争的协议、决定或者其他协同行为。基于此，垄断协议本身就归属于广义的协同行为概念范畴。

一、协同行为基本特征

在平台经济反垄断法律实践中，网络平台企业借助算法、平台、大数据实施的协同型垄断协议行为呈现技术性、隐蔽性与模糊性特征；由于这类行为迥异于传统市场领域的排除、限

---

[1] OECD, Hub-and-spoke arrangements-Note by the United States, DAF/COMP/WD（2019）88, 4 December 2019, p.9.

制竞争的协议、决定，因而反垄断执法、司法机关有必要识别与厘定该类协同行为的基本特征。

进一步而言，在数字经济迭代演进的时代背景下，传统反垄断法视野下的滥用市场力行为（滥用市场支配地位行为）、垄断协议行为及具有排除、限制竞争影响的经营者集中行为之间的固有界限逐渐模糊。譬如，如果在一个相关市场中若干头部网络平台企业的市场经营活动具有联动性，那么它们构成狭义的寡头垄断格局。借鉴欧盟 Airtours 标准，在这若干家企业构成狭义寡头垄断格局情形下，如果它们之间具有"默契协调"（tacit coordination），并利用这种默契排斥其他竞争对手与侵蚀平台用户的利益，那么构成共同滥用市场支配地位行为。反之，如果这若干家企业通过"意思联络"方式而联合排斥其他竞争对手，那么就涉嫌构成垄断协议行为。然而，在人工智能技术、算法技术与大数据分析技术广泛应用的情形下，"默契协调"与"意思联络"之间的界限业已消解。具言之，处于寡头垄断格局的网络平台企业仅需通过算法协同等具有"默契协调"特征的技术方式，就可在相互间不发生直接"意思联络"的情形下实现共同排除、限制竞争的目的，而这类默契协同行为的危害后果与传统垄断协议行为无异。

二、协同行为规制路径

国家市场监督管理总局《禁止垄断协议暂行规定》第 13 条规定，不属于本规定第 7 条至第 12 条所列情形的其他协议、决定或者协同行为，有证据证明排除、限制竞争的，应当认定为垄断协议并予以禁止。前款规定的垄断协议由市场监管总局负责认定，认定时应当考虑下列因素：①经营者达成、实施协议的事实；②市场竞争状况；③经营者在相关市场中的市场份额及其对市场的控制力；④协议对商品价格、数量、质量等方面的影响；⑤协议对市场进入、技术进步等方面的影响；⑥协议对消费者、其他经营者的影响；⑦与认定垄断协议有关的其他因素。鉴于平台经济领域协同型垄断协议行为具有技术性、隐蔽性与模糊性特征，反垄断执法机关有必要在《禁止垄断协议暂行规定》第13条规定的基础上，厘定精细化与多元化的具有技术可验证性的评估指标，扩张化与宽泛化解释、评估网络平台企业之间的"意思联络"，以有效发现、识别与规制网络平台企业依托算法、平台、大数据等媒介而实施的排除、限制竞争的协同行为。

在评估网络平台企业实施的协同行为是否具备垄断属性时，反垄断执法机关可以根据直接证据抑或由逻辑一致的间接证据构成的"证据链"认定协同行为构成违法的垄断协议，而被调查的经营者则可以经由提供反证的方式排除自身参与实施协同型垄断协议行为的可能性。对此，国务院反垄断委员会《关于平台经济领域的反垄断指南》第9条规定如下："认定平台经济领域协同行为，可以通过直接证据判定是否存在协同行为的事实。如果直接证据较难获取，可以根据《禁止垄断协议暂行规定》第6条规定，按照逻辑一致的间接证据，认定经营者对相关信息的知悉状况，判定经营者之间是否存在协同行为。经营者可以提供相反证据证明其不存在协同行为。"[1]

---

[1]《禁止垄断协议暂行规定》第6条规定：认定其他协同行为，应当考虑下列因素：①经营者的市场行为是否具有一致性；②经营者之间是否进行过意思联络或者信息交流；③经营者能否对行为的一致性作出合理解释；④相关市场的市场结构、竞争状况、市场变化等情况。

第三章　网络平台企业典型性垄断行为基本特征与规制路径 ◇

第五节　拒绝交易基本特征与规制路径

依据《反垄断法》第 17 条第 1 款第 3 项规定，没有正当理由，具有市场支配地位的经营者不得拒绝与交易相对人进行交易。基于此，具有市场支配地位的网络平台企业实施的拒绝交易行为构成滥用市场支配地位行为。

一、拒绝交易基本特征

在平台经济领域，网络平台企业实施拒绝交易行为的表现形式呈现多元化特征。譬如，链接封禁、"二选一"行为均有可能构成拒绝交易形态的滥用市场支配地位行为。在平台经济相关市场，如果业已掌控大数据资源的网络平台企业剥夺竞争对手访问其大数据资源的资格，那么这种剥夺行为可能弱化与虚化市场竞争机制，甚至可能导致将竞争对手排挤出相关市场的后果。基于反垄断规制视野，如果一家网络平台企业所掌控的大数据资源构成其他企业进入某一数字经济相关市场经营的不可或缺的"必要设施"（essential facility），而这家网络平台企业没有正当理由拒绝其他企业访问其所掌控的大数据资源，那么这家网络平台企业就涉嫌构成"拒绝交易"形态的滥用市场支配地位行为。[1]

总括而言，现今的数字市场主要包括以下十类市场：在线搜索市场、在线商务市场、社交网络与社交媒体市场、移动应用商店市场、移动操作系统市场、数字地图市场、云计算市场、

---

[1] Competition Law and Data, Stand：10.05.2016, Gemeinsames Papier der Autorité de la concurrence und des Bundeskartellamtes zu Daten und Auswirkungen auf das Wettbewerbsrecht, p. 17.

语音助手市场、网络浏览器市场和数字广告市场。如果一家网络平台企业所掌控的平台、技术、资源构成其他经营者进入各类数字市场经营的必要条件，那么这家网络平台企业不得拒绝以合理对价允许其他经营者使用其平台、技术、资源，否则这家网络平台企业就涉嫌构成拒绝交易形态的滥用市场支配地位行为。

二、拒绝交易规制路径

国务院反垄断委员会《关于平台经济领域的反垄断指南》第14条第1款规定，具有市场支配地位的平台经济领域经营者，可能滥用其市场支配地位，无正当理由拒绝与交易相对人进行交易，排除、限制市场竞争。分析是否构成拒绝交易，可以考虑以下因素：①停止、拖延、中断与交易相对人的现有交易；②拒绝与交易相对人开展新的交易；③实质性削减与交易相对人的现有交易数量；④在平台规则、算法、技术、流量分配等方面设置不合理的限制和障碍，使交易相对人难以开展交易；⑤控制平台经济领域必需设施的经营者拒绝与交易相对人以合理条件进行交易。依据该款规定，国务院反垄断委员会拓展解释"拒绝交易"行为，由具有市场支配地位的平台经济领域经营者实施的各类不合理妨碍交易达成、施行、持续的行为均厘定为"拒绝交易"行为的表现形式。

依据欧洲法院（ECJ）的观点，就一般原则而言，即使一家企业占据相关市场的支配地位，这家企业也没有义务促进其竞争对手的经营业务；不过，欧洲法院在若干典型案件中强制要求控制相关市场必要设施的企业对外开放其必要设施。[1]更精确而

---

[1] Competition Law and Data, Stand: 10.05.2016, Gemeinsames Papier der Autorité de la concurrence und des Bundeskartellamtes zu Daten und Auswirkungen auf das Wettbewerbsrecht, pp. 17-18.

第三章 网络平台企业典型性垄断行为基本特征与规制路径 ◇

言,欧洲法院在 Bronner 案、IMS Health 案、Microsoft 案中认为,在以下四种情形下,一家企业有义务向其他企业开放其所掌控的设施或网络:其一,这家企业拒绝开放行为所涉及的产品对于其他企业开展有关业务而言是必不可少的;其二,这家企业拒绝开放行为将阻止符合潜在消费者需求的新产品的出现;其三,这家企业实施拒绝开放行为缺乏客观正当理由;其四,这家企业拒绝开放行为可能排除二级市场上的所有竞争。[1]

欧洲法院在 Bronner 案中裁定,一项产品或服务仅在以下情形下可被视为"必不可少"(indispensable):该项产品或服务没有替代性的产品或服务,并且由于技术、法律或经济的障碍,任何一家企业寻求在下游市场开发相关产品或服务(包括可能的与其他公司进行合作的情形),都将面临不可能性或极大困难。[2]

基于欧盟成员国的反垄断法律实践,如果一项由占据市场支配地位的网络平台企业实施的拒绝访问数据资源行为具有歧视属性,那么该项行为涉嫌构成反竞争行为(垄断行为)。具言之,这项行为属于兼具"拒绝交易"与"差别待遇"形态的滥用市场支配地位行为。以法国 Cegedim 案为例。Cegedim 是在法国具有行业领先地位的医疗信息数据库供给企业,该企业拒绝将其主要数据库(OneKey 数据库)出售给使用 Euris 软件的客户,但却向其他客户出售 OneKey 数据库,而 Euris 与 Cegedim

---

〔1〕 ECJ, "Bronner", C-7/97, judgment of 26.11.1998; ECJ, "IMS Health", C-418/01, judgment of 29.04.2004; GC, " Microsoft", T-201/04, judgment of 17.09.2007.

〔2〕 ECJ, "Bronner", C-7/97, judgment of 26.11.1998, §§ 44-45. See also Competition Law and Data, Stand: 10.05.2016, Gemeinsames Papier der Autorité de la concurrence und des Bundeskartellamtes zu Daten und Auswirkungen auf das Wettbewerbsrecht, p. 18.

在相邻市场（卫生行业客户关系管理软件市场）中处于竞争关系。法国竞争管理局（Autorité de la concurrence）认为 Cegedim 的行为具有歧视性，并得出以下结论：鉴于 OneKey 数据库在医疗信息数据库市场属于居领先地位的产品，而且 Cegedim 在医疗信息数据库市场属于占据支配地位的经营者，因而 Cegedim 实施的歧视性做法限制了 Euris 在 2008 年至 2012 年之间的发展。[1]

第六节 搭售行为基本特征与规制路径

一般而言，反垄断法视野下的搭售行为属于滥用市场支配地位行为范畴。依据我国《反垄断法》第 17 条第 1 款第 5 项，没有正当理由，具有市场支配地位的经营者不得搭售商品或者在交易时附加其他不合理的交易条件。

一、搭售行为基本特征

在互联网平台经济领域，具有市场支配地位的网络平台企业能够利用其横跨多元相关市场的优势力量（譬如，矩阵式布局、海量用户黏附性、平台多栖性、大数据资源）迫使交易对手接受其强行搭售的产品、服务。具有市场支配地位的网络平台企业亦可能利用其根基于平台、渠道与数据的统合型市场支配力，借助搜索降权、流量限制、链接封禁、技术屏蔽等惩罚性措施，抑或借助提升平台可见度、流量支持、数据资源共享等激励性措施，迫使交易对手接受其强行搭售的产品、服务。值得注意的是，具有市场支配地位的网络平台企业通过搭售行

---

[1] Competition Law and Data, Stand: 10.05.2016, Gemeinsames Papier der Autorité de la concurrence und des Bundeskartellamtes zu Daten und Auswirkungen auf das Wettbewerbsrecht, pp. 18-19.

第三章　网络平台企业典型性垄断行为基本特征与规制路径 ◇

为,能够将其在初始市场的垄断优势力量拓展到其他相关市场,形成双轮乃至多轮垄断的经营格局,从而得以在多个新进入的相关市场构筑与强化自身垄断地位。

二、搭售行为规制路径

国务院反垄断委员会《关于平台经济领域的反垄断指南》第 16 条第 1 款规定,具有市场支配地位的平台经济领域经营者,可能滥用市场支配地位,无正当理由实施搭售或者附加不合理交易条件,排除、限制市场竞争。分析是否构成搭售或者附加不合理交易条件,可以考虑以下因素:①利用格式条款、弹窗、操作必经步骤等交易相对人无法选择、更改、拒绝的方式,将不同商品进行捆绑销售;②以搜索降权、流量限制、技术障碍等惩罚性措施,强制交易相对人接受其他商品;③对交易条件和方式、服务提供方式、付款方式和手段、售后保障等附加不合理限制;④在交易价格之外额外收取不合理费用;⑤强制收集非必要用户信息或者附加与交易标的无关的交易条件、交易流程、服务项目。依据该款规定,国务院反垄断委员会所厘定的搭售型滥用市场支配地位行为既包括网络平台企业利用协议、技术措施直接实施的强行搭售行为,又涵盖网络平台企业利用平台优势、技术手段而实施的变相的强行搭售行为。值得注意的是,由网络平台企业实施的强行搭售行为亦可能构成违反《反不正当竞争法》《电子商务法》《消费者权益保护法》等相关法律法规的行为。

基于域外平台经济领域反垄断实践,一家网络平台企业可以利用在一个相关市场搜集的数据,通过强行搭售方式,以达到在另一个相关市场发展或提升自身市场力量的目标。举例而言,英国竞争与市场管理局(UK Competition and Markets Authority) 认为，一家拥有宝贵数据资源的企业可能将"访问其数据资源的权限"与"使用其数据分析服务"直接挂钩，迫使希望访问其数据资源的用户同时购买其搭售的数据分析服务。依据英国竞争与市场管理局的观点，在某些情形下，这类搭售行为能够提高效率，但是亦可能产生排除、限制竞争的效果。具体而言，拥有宝贵数据资源的企业通过这类搭售行为，能够在数据分析服务相关市场获得相较于竞争对手更加优越的地位，从而弱化竞争机制。[1]依据法国竞争管理局的观点，在特定情形下，数据在不同相关市场被交叉使用的行为可能产生闭锁市场的负面效应。[2]譬如，在一个数字经济相关市场，一家占据支配地位的网络平台企业在其公共服务供给活动中具有访问特定数据资源的权利，而这家平台企业可能利用这类数据资源，在相邻的数字经济相关市场为用户提供"量身定制"的服务，从而导致这家平台企业在相邻的数字经济相关市场获得其竞争对手无法比拟的强大竞争优势。[3]

第七节 低于成本销售行为基本特征与规制路径

依据我国《反垄断法》第 17 条第 1 款第 2 项，没有正当理由，具有市场支配地位的经营者不得以低于成本的价格销售商

---

[1] Competition Law and Data, Stand: 10.05.2016, Gemeinsames Papier der Autorité de la concurrence und des Bundeskartellamtes zu Daten und Auswirkungen auf das Wettbewerbsrecht, p. 20.

[2] Competition Law and Data, Stand: 10.05.2016, Gemeinsames Papier der Autorité de la concurrence und des Bundeskartellamtes zu Daten und Auswirkungen auf das Wettbewerbsrecht, p. 20.

[3] Competition Law and Data, Stand: 10.05.2016, Gemeinsames Papier der Autorité de la concurrence und des Bundeskartellamtes zu Daten und Auswirkungen auf das Wettbewerbsrecht, p. 20.

第二章　网络平台企业典型性垄断行为基本特征与规制路径 ◇

品。在互联网平台经济领域，低于成本销售垄断行为是指具有市场支配地位的头部网络平台企业用极低的价格，甚至是低于成本价的方式锁定顾客群，排挤现实或潜在竞争对手的行为。

一、低于成本销售行为基本特征

在生成创新型商业模式的数字经济相关市场，头部网络平台企业在初始经营阶段通常采取"烧钱"模式抢占市场份额。具言之，头部网络平台企业通常以极低的价格甚至免费方式向用户提供服务，从而在最大程度上实现吸引与锁定用户的目的。在这一阶段，尽管头部网络平台企业可能承受重大损失，但它们能够迅速占据较大的市场份额，从而形成自身的竞争优势。[1]一旦这类头部网络平台企业通过低于成本的销售行为达到独占相关市场目的之后，它们再通过提高价格、降低质量等方式来攫取垄断暴利。

二、低于成本销售行为规制路径

网络平台企业实施的低于成本销售行为不仅可能构成垄断行为，而且可能构成不正当竞争行为以及违反价格监管法律的行为。如果国外网络平台企业在我国平台经济领域实施低于成本销售行为，那么该类行为还可能触发我国反倾销法律制度的规制。

国务院反垄断委员会《关于平台经济领域的反垄断指南》第13条第1款规定："具有市场支配地位的平台经济领域经营者，可能滥用市场支配地位，没有正当理由，以低于成本的价格销售商品，排除、限制市场竞争。"由于具有市场支配地位的头部网络平台企业掌握了平台、数据、算法、技术、资金及其

---

〔1〕 Bundeskartellamt, Hintergrundpapier, Was kann und soll die kartellrechtliche Missbrauchsaufsicht? Tagung des Arbeitskreises Kartellrecht, 4. Oktober 2018, S. 22.

他优势资源，因而这类平台企业已经演变成为具有自组织属性的底部生态系统。如果这类头部网络平台企业实施的低于成本销售行为没有受到强化的反垄断监管，那么这类企业的竞争对手将无法形成有效的抗衡力量，难以公平参与市场竞争，最终只能面临被淘汰出市场的命运，这将导致市场竞争机制陷入形骸化的境地。

在针对"低于成本的销售行为是否构成滥用市场支配地位行为"进行个案评判时，国务院反垄断委员会《关于平台经济领域的反垄断指南》第13条第2款作出如下细化规定："分析是否构成低于成本销售，一般重点考虑平台经济领域经营者是否以低于成本的价格排挤具有竞争关系的其他经营者，以及是否可能在将其他经营者排挤出市场后，提高价格获取不当利益、损害市场公平竞争和消费者合法权益等情况。"具有市场支配地位的头部网络平台企业亦可以通过举证方式证明自身实施的低于成本销售行为具有正当性与合法性。国务院反垄断委员会《关于平台经济领域的反垄断指南》第13条第4款对于"低于成本销售行为的抗辩理由"作出如下细化规定："平台经济领域经营者低于成本销售可能具有以下正当理由：①在合理期限内为发展平台内其他业务；②在合理期限内为促进新商品进入市场；③在合理期限内为吸引新用户；④在合理期限内开展促销活动；⑤能够证明行为具有正当性的其他理由。"

在互联网平台经济领域，2021年5月发生的"十荟团"被顶格处罚案属于典型的低价销售违法案例。在该案中，市场监管总局在社区团购领域凌厉出击，对虚与委蛇、拒不整改价格违法行为的"十荟团"予以顶格处罚，并责令该平台在江苏区域停业整顿三天。这一组合拳式的严厉处罚不仅表明互联网平台经济领域并非"法外之地"，而且充分彰显了市场监管"回头

第三章　网络平台企业典型性垄断行为基本特征与规制路径

看"的威力。[1]

从 2020 年下半年开始,众多互联网平台企业利用渠道、资金、流量优势,涌入社会团购领域开展经营活动。它们纷纷采用低价倾销的"烧钱"模式,抢占市场份额与加速扩张,这导致社区团购领域的市场竞争呈现白热化态势。从表面上看,社区团购平台企业的低价销售似乎可以使消费者短期获利;但从实质效果上看,这类低价销售行为扭曲市场竞争秩序,迫使众多中小商贩失去生计,而社区团购平台企业通过低价销售抢占市场支配地位后,势必通过高价销售方式获得垄断暴利,最终损害广大消费者的整体利益与长远利益。

从违法属性上判断,社区团购平台企业为了排挤竞争对手或独占市场的目的而实施低价倾销行为,构成直接违反《价格法》第 14 条的不正当价格行为。基于市场规制法视角,社区团购平台企业实施的前述低价倾销行为也涉嫌构成违反《反不正当竞争法》一般条款的不正当竞争行为。此外,如果社区团购平台企业具有市场支配地位,那么这类企业实施低价倾销行为涉嫌构成违反《反垄断法》第 17 条的滥用市场支配地位行为。

在 2021 年 3 月,由于"十荟团""橙心优选""多多买菜"等社区团购平台企业实施的低价倾销构成价格违法行为及反竞争行为,市场监管总局已经依法对这类社区团购平台企业的低价倾销行为予以处罚,并督促各家企业自查自纠进行整改,以确保社区团购平台企业实现有序经营、行稳致远的发展目标。

令人意外的是,"十荟团"漠视市场监管总局处罚决定的权威性与威慑力,它在被首次处罚后依旧阳奉阴违,不予自查自纠,并没有完全落实整改承诺。据市场监管总局调查,被首次

---

[1] 参见翟巍:《十荟团被顶格处罚彰显监管"回头看"威力》,载《法治日报》2021 年 6 月 3 日,第 5 版。

处罚后的"十荟团"逆势而动,在江苏区域依旧实施大量低价倾销行为,甚至还实施侵犯消费者知情权的价格欺诈行为。

然而,缴纳罚款绝非"十荟团"等违法企业可以继续实施违法行为的"护身符"。对于一犯再犯的"十荟团",市场监管总局不仅予以 150 万元顶格处罚,而且责令"十荟团"平台在江苏区域停业整顿。这一组合拳式的重罚,对社区团购平台企业以及其他类型平台企业来说具有深刻的警示意义,它有利于督促平台企业放弃侥幸心理,及时整改违法行为,并促使平台企业及时构建内部的监管合规机制。总体而言,互联网平台企业在参与市场竞争过程中,应当遵循法律法规与公认商业道德的要求,不得逾越法律法规禁止的"红线",不得损害市场公平竞争秩序与社会公共利益。

在互联网平台经济领域,头部平台企业曾经习惯于通过低价倾销方式,提高市场准入门槛,挤压中小经营者的生存空间,迅速形成寡头垄断或独占垄断格局。然而,市场监管总局的强势监管表明,通过低价倾销抢占市场的"烧钱"模式具有非法性与不可持续性。"十荟团"等平台企业实施的这类"烧钱"行为表面上构成价格违法行为及反竞争行为,其本质上属于资本无序扩张的行为。

总体来说,头部平台企业在社区团购领域及其他数字经济行业领域从事经营活动时,可以公平与有序地参与市场竞争,并通过提升服务质量、优化服务体验的方式吸引广大消费者,但不得违反《反垄断法》《反不正当竞争法》《价格法》等法律法规,不得通过低价倾销、价格欺诈的方式攫取非法利益。进一步而言,头部平台企业有必要摆脱资本无序扩张的惯性与惰性,不要再痴迷于通过非法挤压中小商贩的方式抢占市场份额,而应当将主要精力用于技术创新的星辰大海,集中各项资源投入到核心科技、产品的研发,以推动平台经济领域的技术迭代演进,有效提升社会公众的福祉。唯有如此,才能实现我国互联网平台经济行稳致远的发展目标。

第八节 差别待遇行为基本特征与规制路径

差别待遇行为亦可被称为"自我优待行为"。一般而言,反垄断法视野下具有反竞争属性的"差别待遇"行为属于滥用市场支配地位行为范畴。依据我国《反垄断法》第17条第1款第6项,没有正当理由,具有市场支配地位的经营者不得对条件相同的交易相对人在交易价格等交易条件上实行差别待遇。

一、差别待遇行为基本特征

在互联网平台经济领域,具有市场支配地位的网络平台企业对竞争对手与自身所属企业实施差别待遇的行为并不鲜见。由于具有独占、寡头垄断地位的头部网络平台企业所提供的中介平台服务被海量市场经营者、消费者(个人用户)高频率与全方位使用,因而海量市场经营者、消费者(个人用户)对头部网络平台企业的中介平台服务产生高强度黏性。具体而言,除非头部网络平台企业准许市场经营者提供的商品或服务"入驻其平台"并保持"在平台上的可见性",否则市场经营者在相关市场竞争中将处于被边缘化态势。[1]然而,这类网络平台企业出于"经济人"与"理性人"的逐利本性,有可能滥用其在

---

[1] Vgl. Schweitzer, Heike/Haucap, Justus/Kerber, Wolfgang/Welker, Robert, Modernisierung der Missbrauchsaufsicht für marktmächtige Unternehmen, Endbericht, Projekt im Auftrag des Bundesministeriums für Wirtschaft und Energie(BMWi), Projekt Nr. 66/17, Abgabe: 29. August 2018, S. 8.

轴心型相关市场的初始垄断地位,通过拒绝数据合理共享、不予直链、拒绝开放 API 等平台限制竞争行为,在平台准入与平台可见性层面针对竞争对手产品与自身旗下产品实施差别待遇,最终在辐射型相关市场固化与强化自身的市场支配力。

二、差别待遇行为规制路径

在域内平台经济反垄断领域,我国国务院反垄断委员会《关于平台经济领域的反垄断指南》第 17 条第 1 款针对差别待遇行为作出如下细化规定:具有市场支配地位的平台经济领域经营者,可能滥用市场支配地位,无正当理由对交易条件相同的交易相对人实施差别待遇,排除、限制市场竞争。分析是否构成差别待遇,可以考虑以下因素:①基于大数据和算法,根据交易相对人的支付能力、消费偏好、使用习惯等,实行差异性交易价格或者其他交易条件;②实行差异性标准、规则、算法;③实行差异性付款条件和交易方式。

在域外平台经济反垄断领域,欧盟谷歌垄断案是头部网络平台企业实施差别待遇垄断行为的典型案例。欧盟委员会在调查谷歌公司垄断行为时发现,从 2008 年开始,谷歌公司滥用其作为搜索引擎运营商的市场支配地位,在谷歌搜索结果中推广谷歌旗下的购物比价服务"Google Shopping",而对作为竞争对手的比价网站进行搜索权限降级,剥夺这类比价网站的流量。根据谷歌搜索引擎导出的相关结果可知,谷歌公司旗下的服务全部或几乎都在其搜索结果页面的首页顶部显示,而就平均程度而言,直至谷歌通用搜索结果页面的第四页,作为谷歌公司竞争对手的比价网站的搜索结果才开始显示。[1]欧盟委员会据

---

〔1〕 Bundeskartellamt, Hintergrundpapier, Was kann und soll die kartellrechtliche Missbrauchsaufsicht? Tagung des Arbeitskreises Kartellrecht, 4. Oktober 2018, S. 23.

第三章　网络平台企业典型性垄断行为基本特征与规制路径 ◇

此认为，谷歌公司利用杠杆效应传导其市场力量，它通过在通用搜索结果页面将旗下比价服务放置在竞争对手比价服务之前显示的方式，滥用在通用搜索服务相关市场的支配地位排除、限制竞争。[1]

进一步而言，欧盟委员会认定谷歌公司实施的滥用行为缺乏正当理由，换言之，谷歌公司优先推销自身比价购物服务的战略调整行为不属于产品改进行为范畴；尽管谷歌公司宣称它在"Google Shopping"显示的搜索结果顶部添加丰富格式的做法属于改进行为范畴，但欧盟委员会认为，这种添加行为只是谷歌公司对自身产品所做的修饰行为，而不能被归属于改进行为范畴。[2] 2017年，欧盟委员会针对谷歌公司前述滥用市场支配地位垄断行为作出24.2亿欧元（约合27亿美元）的巨额处罚，并要求谷歌公司在90天内终止相关垄断行为，否则作为谷歌公司母公司的Alphabet将被处以最高日平均营收5%的处罚。

基于域内外平台经济反垄断实践，在数据驱动型的数字经济相关市场，具有市场支配地位的网络平台企业还可能利用其所掌控的大数据资源实施差别待遇行为，以排除、限制市场竞争。具言之，在这类相关市场中，具有市场支配地位的头部网络平台企业通常属于混合型平台范畴，它们不仅提供搜索引擎、电子商务、社交媒体等基础性生态平台，而且也在基础性生态平台内部提供旗下产品、服务。在此情形下，头部网络平台企业可以搜集与整合来自其经营活动所涉足的不同相关市场的数据，并利用这类整合后的大数据资源实现自身旗下各个企业经

---

[1] Bundeskartellamt, Hintergrundpapier, Was kann und soll die kartellrechtliche Missbrauchsaufsicht? Tagung des Arbeitskreises Kartellrecht, 4. Oktober 2018, S. 24.

[2]［美］埃莉诺·M. 福克斯：《平台，力量与反垄断挑战：对缩小美国与欧洲分歧的审慎建议》，周丽霞译，载《竞争政策研究》2020年第5期。

营行为的协同，进而排挤、限制竞争对手。[1]有鉴于此，反垄断执法机关有必要在现行反垄断法框架下，针对数据整合型、数据协同型以及数据驱动型的差别待遇行为予以精准性识别、周延性规制与穿透式监管。

第九节 "杀手并购"行为基本特征与规制路径

就概念内涵而言，"杀手并购"（Killer acquisitions）行为是指网络平台企业实施的以"吞并被视为潜在竞争对手的初创企业或者新兴平台"为具体目标的经营者集中行为。"杀手并购"行为属于具有排除、限制竞争影响的经营者集中行为的具体类型之一。从更宽泛意义界定，"杀手并购"属于"排他性滥用"（Ausschließungsmissbrauch）范畴。除"杀手并购"以外，网络平台企业实施的"排他性滥用"行为还包括平台自我优待行为、拒绝共享必要设施行为。

一、"杀手并购"行为基本特征

国务院反垄断委员会《关于平台经济领域的反垄断指南》明确将"杀手并购"行为纳入反垄断规制范畴。《关于平台经济领域的反垄断指南》第19条第3款对此规定如下：国务院反垄断执法机构高度关注参与集中的一方经营者为初创企业或者新兴平台、参与集中的经营者因采取免费或者低价模式导致营业额较低、相关市场集中度较高、参与竞争者数量较少等类型的平台经济领域的经营者集中，对未达到申报标准但具有或者可能具有排除、限制竞争效果的，国务院反垄断执法机构将依法

---

[1] Bundeskartellamt, Hintergrundpapier, Was kann und soll die kartellrechtliche Missbrauchsaufsicht? Tagung des Arbeitskreises Kartellrecht, 4. Oktober 2018, S. 12.

第三章　网络平台企业典型性垄断行为基本特征与规制路径　◇

进行调查处理。

在众多数字经济相关市场,头部网络平台企业所面临的强大竞争压力并非来自现有的竞争对手,而是来自潜在的竞争对手。[1]由于创新驱动型中小网络平台企业可能通过技术创新或经营模式创新的方式来颠覆原有市场格局,因而这类企业构成头部网络平台企业的潜在竞争对手。为了防患于未然,头部网络平台企业经常采用"杀手并购"方式兼并这类企业,以防止这类企业成长为强有力的竞争对手。

在数字经济相关市场,数据驱动型的经营者集中行为亦可能产生排除、限制竞争的影响。举例而言,在过往反垄断法律实践中,若干大型网络平台企业通过实施并购策略方式来获取新型的大数据资源。在此类案例情形下,被收购的企业通常是在新兴相关市场具有创新技术或新颖商业模式的初创企业,而这些初创企业在经营过程中搜集的新型大数据资源具有现实的或潜在的竞争价值。大型网络平台企业在收购初创企业后,通过整合被收购企业的新型大数据资源的方式,在新兴相关市场形成竞争对手难以撼动的"数据优势",从而阻碍其他企业涉足新兴相关市场的竞争。[2]

二、"杀手并购"行为规制路径

"杀手并购"行为包括横向、纵向与混合形态的经营者集中行为。一般而言,由网络平台企业实施的横向、纵向的经营者集中行为容易导致排除、限制竞争的后果。虽然由网络平台企

---

　　[1]　Monopolkommission, Wettbewerbspolitik: Herausforderung digitale Märkte, Sondergutachten 68, Bonn, im Juni 2015, S. 38.

　　[2]　Bundeskartellamt, Big Data und Wettbewerb, Schriftenreihe „ Wettbewerb und Verbraucherschutz in der digitalen Wirtschaft ", Oktober 2017, S. 9 f.

业实施的混合形态的"杀手并购"行为通常不会产生排除、限制竞争的效果,但在特定情形下,混合形态的"杀手并购"行为亦能够产生损害竞争效应。用于解析此类损害竞争效应的经济理论包括潜在竞争理论、防御理论、互惠理论、总体集中度理论等。

依据潜在竞争理论,在审查混合形态的"杀手并购"行为时应查明以下情况:"如果混合经营者集中没有发生,参与集中的一家企业自身是否能够在相关市场上作为可能的竞争者而存在"。[1] 这一理论具有两种子理论类型,即实际潜在竞争理论与感知潜在竞争理论。[2]

依据防御理论,混合形态的"杀手并购"行为将导致集中后企业集团经济实力的增长,进而产生损害竞争的效果。[3] 一方面,相关市场上未参与集中的企业出于对参与混合经营者集中的企业可能采取掠夺性定价或其他报复措施的恐惧,而被迫减少己身的竞争活动;[4] 另一方面,未参与集中的企业减少竞争活动会造成市场竞争机制的扭曲与失效,将进一步导致市场准入门槛提高;其他潜在的市场进入者将因为相关市场的准入门槛提高而放弃进入此市场。[5]

依据互惠理论,混合形态的"杀手并购"行为实施后形成的企业集团可以对参与集中的企业的商业伙伴施加影响力,促使

---

[1] Vgl. Nothhelfer, Wolfgang, Wann behindern konglomerate Fusionen den Wettbewerb? EuZW 11/2007, München, 332 (333).

[2] Vgl. Dreher, Meinrad, Konglomerate Zusammenschlüsse, Verbotsvermutungen und Widerlegungsgründe – Eine Untersuchung zur Fortentwicklung des Kartellrechts am Beispiel des U. S. -amerikanischen Antitrustrechts, Berlin 1987, S. 31.

[3] Vgl. BKartA, Konglomerate Zusammenschlüsse in der Fusionskontrolle – Bestandsaufnahme und Ausblick, Diskussionspapier für die Sitzung des Arbeitskreises Kartellrecht am 21. September 2006, www. Bundeskartellamt. de, besucht am 27. 05. 2008, S. 3.

[4] Vgl. BKartA, Bestandsaufnahme und Ausblick, S. 3.

[5] BKartA, Bestandsaufnahme und Ausblick, S. 3.

第三章 网络平台企业典型性垄断行为基本特征与规制路径 ◇

或迫使后者在相关市场与该企业集团选定的其他企业从事商业交易活动；[1]在这种情形下，相关市场实际上已对其他竞争者形成准入障碍，新的竞争者将失去进入此类市场的动机与能力。[2]

依据总体集中度理论，混合形态的"杀手并购"行为可以促使市场上企业总体集中度提高，而总体集中度的提高将使市场上大型企业之间的联系接触成倍数增长。[3]由此，大型企业之间维护共同利益的意识亦会同步增长，并导致它们实施反对竞争的协同行为。[4]

对于脸书公司等超大型数字平台企业而言，它们通过使用自身的海量数据库，能够精准识别对其造成巨大竞争威胁的潜力型初创企业，进而能够通过并购方式将这类初创企业扼杀。由于这类初创企业通常欠缺可观收入，因而在若干反垄断监管辖区，超大型数字平台企业针对这类初创企业的"杀手并购"行为可能低于法律所规定的实施经营者集中申报的营业额门槛。[5]针对这一尴尬情况，德国立法机关已经调整经营者集中规制机制，添加交易价值标准，并将债务列为价值组成部分，从而确保将由超大型数字平台企业针对初创企业实施的"杀手并购"行为纳入反垄断规制范畴。[6]

值得注意的是，欧盟委员会在对脸书公司并购 WhatsApp 案件进行经营者集中审查时，曾经特别研究"这一并购行为所导

---

[1] Dreher, Konglomerate Zusammenschlüsse, S. 35.
[2] Dreher, Konglomerate Zusammenschlüsse, S. 35.
[3] Dreher, Konglomerate Zusammenschlüsse, S. 36.
[4] Dreher, Konglomerate Zusammenschlüsse, S. 36.
[5] [美] 埃莉诺·M. 福克斯：《平台，力量与反垄断挑战：对缩小美国与欧洲分歧的审慎建议》，周丽霞译，载《竞争政策研究》2020 年第 5 期。
[6] [美] 埃莉诺·M. 福克斯：《平台，力量与反垄断挑战：对缩小美国与欧洲分歧的审慎建议》，周丽霞译，载《竞争政策研究》2020 年第 5 期。

致的脸书公司数据资源的递增将如何影响在线广告领域"。不过，欧盟委员会最终得出结论，在完成并购流程后，无论脸书公司是否会在 WhatsApp 上投放广告，亦无论脸书公司是否会开始搜集 WhatsApp 用户数据，这一并购行为本身不构成违反欧盟竞争法的行为。[1] 依据欧盟委员会的观点，即使这一并购行为完成后，除脸书公司以外，市场上仍然存在着数量众多的其他定向广告提供商，并且市场上依旧存在不被脸书公司所控制的、数量庞大的、可被用于广告目的之网络用户数据。[2]

依据奥地利竞争管理局（Bundeswettbewerbsbehörde）的观点，在数字经济行业，财力雄厚的头部企业通常会收购处于初始发展阶段的具有威胁性的竞争对手或潜在竞争对手，从而将这些被收购的企业的业务整合进自身业务范畴，由此导致被收购企业原先经营活动被改变，甚至被迫完全停止。[3] 从竞争政策角度考量，这类"杀手并购"行为容易损害数字经济技术市场的创新潜力与创新驱动型竞争模式，因而反垄断执法机关有必要针对这类并购行为实施预防性规制。[4]

为了精准监管由大型乃至超大型网络（数字）平台企业实施的"杀手并购"行为，域内外反垄断执法机关面临以下三项重大挑战：其一，反垄断执法机关必须在审查经营者集中时识别"杀手并购"行为，并厘定该类行为的反竞争特质；其二，

---

〔1〕 Bundeskartellamt, Big Data und Wettbewerb, Schriftenreihe „Wettbewerb und Verbraucherschutz in der digitalen Wirtschaft", Oktober 2017, S. 10.

〔2〕 Bundeskartellamt, Big Data und Wettbewerb, Schriftenreihe „Wettbewerb und Verbraucherschutz in der digitalen Wirtschaft", Oktober 2017, S. 10.

〔3〕 BWB, Thesenpapier: Digitalisierung und Wettbewerbsrecht, Juni 2020, S. 6, www.bwb.gv.at, besucht am 20.02.2021.

〔4〕 BWB, Thesenpapier: Digitalisierung und Wettbewerbsrecht, Juni 2020, S. 6f., www.bwb.gv.at, besucht am 20.02.2021.

第三章　网络平台企业典型性垄断行为基本特征与规制路径 ◇

如果"杀手并购"行为被认定为确实具有排除、限制竞争的效果，而反垄断执法机关希望通过剥离参与"杀手并购"行为的企业资产的方式避免"杀手并购"行为产生排除、限制竞争的效果，那么反垄断执法机关不仅必须证明"杀手并购"行为在整体上具有反竞争性，而且必须证明资产剥离会明显产生促进竞争效果并增进消费者/用户的福利；其三，如果设立初创企业的人士的目的之一就是将初创企业出售给大型乃至超大型网络（数字）平台企业，以获取丰厚回报，那么反垄断执法机关有必要充分证明其阻止此类"杀手并购"行为的合理性与适当性。[1]

综上所述，与传统企业相比较，网络平台企业具有的显著特征之一是其经营行为所关联的网络效应。具体而言，在社交媒体、电商平台等类型的网络平台架构下，平台用户相互交换信息并实现双向链接，而平台架构下供给端与需求端用户数量的递增都将提升平台的使用属性与吸引力，这就构成所谓的网络效应（Netzwerkeffekte）。[2]由于网络平台企业固有的"经济人"与"理性人"特征，因而它们具有利用网络效应实施典型性垄断行为的动机与动力。而这类企业实施的链接封禁、"二选一"行为、"杀手并购"行为等典型性垄断行为阻碍了数据、信息的自由流动，扭曲了市场良性竞争机制，最终可能导致市场竞争机制倾覆的后果，损害社会公共福祉，因而国家公权力机关亟需依托反垄断法律制度，逐步设定类型化与实操化规制标准，针对这类典型性垄断行为进行系统性甄别、评判与规制。

---

〔1〕[美]埃莉诺·M. 福克斯：《平台，力量与反垄断挑战：对缩小美国与欧洲分歧的审慎建议》，周丽霞译，载《竞争政策研究》2020年第5期。

〔2〕BMWi, Digitale Plattformen, https://www.bmwi.de/Redaktion/DE/Artikel/Digitale-Welt/digitale-plattformen.html, besucht am 18.02.2021.

第四章
Chapter 4

网络平台企业新型垄断行为的域外规制范式
——以德国《反限制竞争法》数字化改革为镜鉴

在数字经济时代,数字化引发经济实力关系变革而导致传统竞争政策体系遭受严峻挑战。为了调整、补白与重构脱胎于工业经济时代的反垄断法制度内容,以使其能够契合数字经济时代规制网络平台企业新型垄断行为的需求,以大陆法系翘楚德国为代表的多国修法机关都拟议或业已开启反垄断法的数字化改革进程。与我国同属于反垄断三大法域的美国、欧盟亦已开始探索建构涉及网络平台企业新型垄断行为的最新规制范式。

第一节 德国《反限制竞争法》数字化改革的缘起

2019 年 7 月 18 日,七国集团(加拿大、法国、德国、意大利、日本、英国、美国)的竞争管理机构与欧盟委员会共同发表了关于数字经济竞争的联合声明(英文:Common Understanding on competition in the digital economy;德文:Gemeinsame Erklärung zu Wettbewerb in der digitalen Wirtschaft)。关于数字经济竞争的联合声明是在法国竞争管理局主导下高层对话的结果,而

第四章 网络平台企业新型垄断行为的域外规制范式 ◇

该项对话是由当时作为七国集团轮值主席国的法国倡议而发起。[1]

德国联邦卡特尔局主席安德里雅思·蒙特（Andreas Mundt）就此联合声明作出以下宣示："由于许多互联网公司在全球开展业务，因而在国际层面进行政治交流和竞争主管部门的交流具有重要性，这可以为数字经济建构一个具有统一性的框架体系。我要感谢作为当前七国集团轮值主席国的法国与我们的同行法国竞争管理局推动了这一议程。"[2]具体而言，关于数字经济竞争的联合声明概述了七国集团竞争管理机构关于"竞争如何在数字经济中发挥作用"的共同观点，并阐明以下四项主要思想理念：[3]

第一，竞争性市场是经济体得以运转良好的主要驱动力。如果数字市场保持竞争态势，那么数字经济的诸种正向潜力就能够获得最大程度的发挥。为此，健全的竞争执法制度应当继续在以下两层面发挥至关重要的作用；这两项层面包括：其一，确保数字市场的可信任度；其二，确保数字经济继续有助于激发经济活力、创建竞争性市场、保护消费者利益以及激励创新。

第二，竞争法具有灵活性，因而它可以应对数字经济时代提出的挑战。但是，竞争管理机构仍有必要不断自我改进。最近的实践案例表明，从根本上说竞争法为竞争管理机构规制数

---

[1] Bundeskartellamt, Pressemitteilung, Gemeinsame Erklärung zu Wettbewerb in der digitalen Wirtschaft, Meldung vom：18.07.2019, www.bundeskartellamt.de, besucht am 14.02.2021.

[2] Bundeskartellamt, Pressemitteilung, Gemeinsame Erklärung zu Wettbewerb in der digitalen Wirtschaft, Meldung vom：18.07.2019, www.bundeskartellamt.de, besucht am 14.02.2021.

[3] Bundeskartellamt, Pressemitteilung, Gemeinsame Erklärung zu Wettbewerb in der digitalen Wirtschaft, Meldung vom：18.07.2019, www.bundeskartellamt.de, besucht am 14.02.2021.

字经济中的反竞争行为提供了工具与手段。然而，依然重要的是，竞争管理机构需要利用这些工具和手段，以深化它们对新型商业模式的认知，并同时深化它们对竞争的影响。

第三，法律规定也可能对竞争产生破坏性影响。例如，法律规定可能强化市场准入壁垒或加强老牌公司的力量。因此，本联合声明指出，立法机关应当研究处于规划状态的或现有的规则和法律，以审查这些规则和法律是否不必要地限制数字市场的竞争。此外，本联合声明还指出，跨部门传播来自竞争管理机构的知识有助于促进竞争性数字市场的发展。

第四，鉴于数字经济的无边界性质，在竞争法施行领域促进更大程度的国际合作与融合至关重要。此外，国际合作有助于建构连贯的竞争格局，而这也有利于保护相关联企业的利益。

值得关注的是，在七国集团国家的反垄断法律数字化革新领域，德国反垄断法律的革新内容最具前瞻性与系统性。[1]德国《反限制竞争法》即为德国核心反垄断法律，而该法的第十次修订进程亦被视为"德国反垄断法的数字化改革进程"。具体而言，从2017年6月1日起，作为德国核心反垄断法的《反限制竞争法》进行第九次修订，新修订的《反限制竞争法》构成德国整体运行良好的反垄断法律实施体系的基础性法律制度，但这部法律并未设定精准契合数字经济时代需求的相关反垄断规制法条。[2]

2020年1月24日，德国联邦经济与能源部（BMWi）公布关

---

〔1〕 本章以下内容参见翟巍：《〈德国反限制竞争法〉数字化改革的缘起、目标与路径——〈德国反限制竞争法〉第十次修订述评》，载《竞争法律与政策评论》2020年第1期。

〔2〕 BMWi, Referentenentwurf des Bundesministeriums für Wirtschaft und Energie, S. 1, https://www.bmwi.de/Redaktion/DE/Downloads/G/gwb-digitalisierungsgesetz-referentenentwurf.pdf?__blob=publicationFile&v=10, besucht am 30.06.2020.

第四章　网络平台企业新型垄断行为的域外规制范式　◇

于《反限制竞争法》第十次修订（10. GWB-Novelle）的法案草案（Referentenentwurf），[1]以征求德国联邦各州与协会对该草案的意见。[2]该草案的全称为"德国联邦经济与能源部法案草案——为制定具有聚焦性、主动性、数字性的4.0版本竞争法而提出的关于《反限制竞争法》第十次修订法案的草案"（Referentenentwurf des Bundesministeriums für Wirtschaft und Energie—Entwurf eines Zehnten Gesetzes zur Änderung des Gesetzes gegen Wettbewerbsbeschränkungen für ein fokussiertes, proaktives und digitales Wettbewerbsrecht 4.0）。[3]德国联邦经济与能源部关于《反限制竞争法》第十次修订法案草案的发布是德国《反限制竞争法》数字化改革的里程碑式事件。该部法案草案的制定者在参考德国国内外既有理论文献与实务报告的前提下，针对第九次修订版本的内容提出系统化修订建议，并在草案中植入契合数字经济时代反垄断规制需求的新型的规则与工具。

在数字经济迭代演进的时代，数字化（Digitalisierung）成为德国各经济行业实现革新与升级的必由路径，而由数字化引发的经济实力关系的变革亦导致德国传统竞争政策体系面临极其严峻的挑战，由此促使德国开启反垄断法律革新进程。这种严峻的挑战具体表现在以下三层面：

第一，被定性为价值创造因素（Wertschöpfungsfaktor）的数

---

[1] 此处的"法案草案"并非指正式提交德国联邦议会审议的修订草案，而系指由德国联邦经济与能源部发布的征求各方意见的修订草案。

[2] Bundeskartellamt, BMWi veröffentlicht Referentenentwurf zur 10. GWB-Novelle, https：//www. bundeskartellamt. de/SharedDocs/Meldung/DE/AktuelleMeldungen/2020/28_01_2020_GWB_Novelle. html； jsessionid = 028A6AD6815EC71E887D255B792384B3. 2_cid387, besucht am 30. 06. 2020.

[3] BMWi, Referentenentwurf des Bundesministeriums für Wirtschaft und Energie, https：//www. bmwi. de/Redaktion/DE/Downloads/G/gwb-digitalisierungsgesetz-referentenentwurf. pdf？__blob=publicationFile&v=10, besucht am 30. 06. 2020.

据的重要性愈加凸显。在此时代背景下，如果一个市场主体能够有效利用数据与人工智能，那么它就可以在最短时间内在工业价值创造领域获得竞争优势（Wettbewerbsvorsprünge）；与之相对应，如果一个市场主体不具有利用数据与人工智能的可能性，抑或它在主观层面不准备利用数据与人工智能，那么即使迄今为止它在所经营行业处于世界领先地位，它亦可能在很短时间内失去其领先地位。[1]由上述可知，是否掌握关键性数据业已成为企业是否具有市场支配力的重要参考指标，但数字化改革前的德国《反限制竞争法》并未厘定"与竞争相关的数据资源"在反垄断规制机制中的功能定位。

第二，在以平台经济为主导的新兴经济行业领域，主导性企业利用强大的网络效应以及显著的规模优势与聚合优势扩大自身影响力，这导致市场集中度与垄断度日益循环强化。在此种情形下，大型、超大型网络（数字）平台企业可以通过搜集与评估平台使用者数据的方式进一步强化自身的市场力量，并妨碍商品、服务供应商与客户群之间的直接沟通。[2]而数字化改革前的德国《反限制竞争法》并不能有效厘定与规制大型、超大型网络（数字）平台企业滥用市场力量的行为。其原因在于，大型、超大型网络（数字）平台企业在多边市场滥用系统性市场力量的行为常常不符合数字化改革前德国《反限制竞争法》所规制的"滥用市场支配地位行为"与"滥用市场相对优势地位行为"的构成要件，因而这类滥用系统性市场力量的企

---

[1] BMWi, GWB-Digitalisierungsgesetz, S.1, https://www.bmwi.de/Redaktion/DE/Downloads/G/gwb-digitalisierungsgesetz-zuammenfassung.pdf?__blob=publicationFile&v=4, besucht am 30.06.2020.

[2] BMWi, GWB-Digitalisierungsgesetz, S.1, https://www.bmwi.de/Redaktion/DE/Downloads/G/gwb-digitalisierungsgesetz-zuammenfassung.pdf?__blob=publicationFile&v=4, besucht am 30.06.2020.

第四章 网络平台企业新型垄断行为的域外规制范式

业行为无法受到数字化改革前德国《反限制竞争法》的周延性规制。

第三，横跨多元市场的大型、超大型网络（数字）平台企业可以利用具有针对性的市场战略强化自身市场地位；从长远来看，大型、超大型网络（数字）平台企业实施的这类行为将使其塑造的"数字化生态系统"（digitales Ökosystem）具有"不可战胜"（unangreifbar）的属性，从而阻碍多边市场创新机制的正常运作。[1]而数字化改革前德国《反限制竞争法》无法从宏观层面系统应对与规制大型、超大型网络（数字）平台企业塑造与强化自身数字化生态系统的行为。

总体而言，德国《反限制竞争法》的数字化改革的施行既具有本国内部数字经济发展的推动因素，又具有来自欧盟层面的外源性因素。具言之，欧盟针对数字时代竞争政策的建构规划深刻影响了德国《反限制竞争法》的数字化改革进程。2019年4月，欧盟委员会发布以"数字时代的竞争政策"（Wettbewerbspolitik für das digitale Zeitalter）为主题的报告。该报告系由欧盟竞争事务专员玛格丽特·维斯塔格女士（Margrethe Vestager）任命的三名特别顾问提交。这三名特别顾问分别为海克·史威哲教授（Heike Schweitzer）、雅克·克雷默教授（Jacques Crémer）以及助理教授伊夫-亚历山大·德·蒙特乔伊（Yves-Alexandre de Montjoye）。[2]在该项报告中，三名特别顾问清晰厘

---

[1] BMWi, GWB-Digitalisierungsgesetz, S. 1, https://www.bmwi.de/Redaktion/DE/Downloads/G/gwb-digitalisierungsgesetz-zuammenfassung.pdf?__blob=publicationFile&v=4, besucht am 30.06.2020.

[2] Europäische Kommission, Berater legen Empfehlungen für EU-Wettbewerbspolitik im digitalen Zeitalter vor, https://ec.europa.eu/germany/news/20190404-berater-legen-empfehlungen-fuer-eu-wettbewerbspolitik-im-digitalen-zeitalter-vor_de, besucht am 30.06.2020.

定数字市场的独有特征,并提出欧盟竞争法在数字经济时代应当达到的目标;他们着重分析了在数字平台规制与数据规制领域应当适用的竞争规则,并明晰了经营者集中控制规则在维持竞争与创新机制中的角色定位。[1]欧盟这一专业报告成为德国开启与实施《反限制竞争法》数字化改革的重要参考文献之一。

在全球经济数字化转型的时代背景下,各国抑或国家联盟(譬如,欧盟)的反垄断法数字化改革是大势所趋。不过,各个国家抑或国家联盟在拟订或实施本国(国家联盟)的反垄断法数字化改革方案时,不但需要确保改革方案契合本国(国家联盟)的数字经济发展现状,而且有必要结合本国(国家联盟)既有的反垄断立法、执法与司法规制机制的特质来完善改革方案细节内容。如上所述,作为大陆法系国家翘楚的德国启动反垄断法(《反限制竞争法》)数字化改革进程,该国实施此项改革的细化原因呈现多元化态势。综合而言,这一数字化改革的启动与施行主要具有以下四项外源性与内生性推动原因:

第一,履行欧盟法律义务是德国启动反垄断法(《反限制竞争法》)数字化改革的最直接原因。德国是欧盟最核心的成员国之一,亦是欧盟最发达的经济体。作为欧盟成员国之一德国的竞争监管机构有义务执行欧盟第2019/1号指令的要求,以确保德国竞争监管机构能够更加有效地执行欧盟竞争规则并确保欧盟内部市场平稳运行。基于这一态势,德国立法机关亦有必要针对《反限制竞争法》实施第十次修订。[2]

第二,德国联邦政府为了应对与化解数字经济发展对传统

---

[1] Europäische Kommission, Berater legen Empfehlungen für EU-Wettbewerbspolitik im digitalen Zeitalter vor.

[2] BMWi, Referentenentwurf des Bundesministeriums für Wirtschaft und Energie, S. 1, https://www.bmwi.de/Redaktion/DE/Downloads/G/gwb-digitalisierungsgesetz-referentenentwurf.pdf?__blob=publicationFile&v=10, besucht am 30.06.2020.

第四章　网络平台企业新型垄断行为的域外规制范式 ◇

竞争政策体系以及相关监管制度带来的严峻挑战，已经设定"建构契合经济数字化与全球化要求的监管框架"的目标。而德国联邦政府为了有序实现这一既定目标，亦需对《反限制竞争法》内容予以适度修订。[1]具言之，在德国反垄断执法与司法实践中，由于大型数字平台企业实施的垄断行为对现行反垄断规制机制形成严峻挑战，因而德国立法机关对于《反限制竞争法》实施针对性修订具有必要性与紧迫性。此外，通过修订《反限制竞争法》的方式，德国立法、执法机关亦可以实现加速现行反垄断执法程序以契合实践需求的目的。[2]

第三，最近数年以来，向德国联邦卡特尔局提出申报的经营者集中案件数量呈现增长趋势，这亦客观上要求《反限制竞争法》作出适应性修订。[3]其原因在于，德国联邦卡特尔局受理的经营者集中案件申报数量过多，因而该机构已经处于不堪重负的境地；而且由于德国经营者集中案件的申报门槛标准过低，导致大多数依法提出申报的经营者集中行为不会产生实质限制竞争的预期影响。基于此，德国立法机关有必要提高经营者集中案件申报门槛，从而降低经营者集中案件申报数量。

第四，基于德国先前的反垄断司法实践可知，在若干情形下，垄断协议行为的受害主体在提出与实现损害赔偿请求权时可能会遇到显著障碍。由于这一原因，德国立法机关亦需要对《反限制竞争法》作出相应修订，以增强"垄断协议行为受害主

---

[1] BMWi, Referentenentwurf des Bundesministeriums für Wirtschaft und Energie, S. 1.

[2] BMWi, Referentenentwurf des Bundesministeriums für Wirtschaft und Energie, S. 1.

[3] BMWi, Referentenentwurf des Bundesministeriums für Wirtschaft und Energie, S. 1.

体所提出的损害赔偿请求权的可执行性".[1]

德国联邦卡特尔局主席安德里雅思·蒙特认为,在一定程度上数字世界属于"法外空间"(ein rechtsfreier Raum),因而德国反垄断执法机构必须在数字世界发挥至关重要的作用。[2]而德国针对《反限制竞争法》的第十次修订意图就是消除这一数字化"法外空间",设定数字世界反垄断规制范式。2021年1月19日,德国《反限制竞争法》第十次修订法案正式生效,其正式名称为"基于制定具有聚焦性、主动性、数字性的4.0版本竞争法而对《反限制竞争法》予以修订和对其他竞争法规定予以修订的法律"(Gesetz zur Änderung des Gesetzes gegen Wettbewerbsbeschränkungen für ein fokussiertes, proaktives und digitales Wettbewerbsrecht 4.0 und anderer wettbewerbsrechtlicher Bestimmungen),其简称为"《反限制竞争法》数字化法案"(GWB-Digitalisierungsgesetz)。[3]

第二节 德国《反限制竞争法》数字化改革的目标

由于起源于工业经济时代的传统竞争政策体系在数字经济时代受到严峻挑战,其滞后性、不周延性与不匹配性日益凸显,因而德国理论界与实务界均主张通过调整以《反限制竞争法》为核心的竞争政策体系的方式,在现行竞争政策体系中植入新

---

[1] BMWi, Referentenentwurf des Bundesministeriums für Wirtschaft und Energie, S. 1.

[2] Bundeskartellamt, " Kunden dürfen nicht eingeschlossen sein ", Datum: 04.01.2016, Andreas Mundt, Präsident des Bundeskartellamtes, im Interview mit der Rheinischen Post über Fusionen im Lebensmittelmarkt, Kooperationen in der Autoindustrie und ein gesondertes Strafrecht für Firmen.

[3] Bundeskartellamt, Novelle des Gesetzes gegen Wettbewerbsbeschränkungen, Meldung vom: 19.01.2021, www.bundeskartellamt.de, besucht am 20.02.2021.

型的契合数字经济时代反垄断规制需求的规则与工具。譬如，由德国政党基民盟/基社盟与社会民主党签订的联盟协议（Koalitionsvertrag）就作出如下宣示："竞争监管机构必须能够——尤其是在快速变化的市场中——迅速有效地纠正滥用市场支配力的行为。为此我们将要——特别是在平台企业实施滥用行为的层面——进一步强化竞争监管机构的监管。"[1]

2019年10月7日，德国发布关于《反限制竞争法》第十次修订的草案的"临时状态"的信息。该次事件标志着德国开启制定数字化反垄断法的计划；而德国实施反垄断法（《反限制竞争法》）数字化改革的主要目标之一是"更好地规制在线市场"（um Onlinemärkte besser zu regulieren）。[2]具体而言，德国修法机关希望通过《反限制竞争法》第十次修订，建构适应日益发展的数字经济需求的适格的框架性规制机制。[3]

总体而言，德国开启《反限制竞争法》数字化改革具有多元化的细化子目标，它们包括：其一，基于经济领域的数字化与全球化现状而塑造现代化的《反限制竞争法》（该目标系由德国政党基民盟/基社盟与社会民主党在2018年联盟协议中提出）；其二，提升《反限制竞争法》实施效率，强化《反限制

---

[1] BMWi, GWB-Digitalisierungsgesetz, S. 1, https://www.bmwi.de/Redaktion/DE/Downloads/G/gwb-digitalisierungsgesetz-zuammenfassung.pdf?__blob=publicationFile&v=4, besucht am 30.06.2020.

[2] Hogan Lovells Kartellrechts-Radar, Herbst 2019-Was Sie auf dem Schirm haben sollten, Fokus Digitalökonomie, S. 1, https://www.hoganlovells.com/~/media/germany_folder-for-german-team/newsletter/kartellrechts_radar_herbst_2019.pdf, besucht am 04.07.2020.

[3] Budzinski, Oliver/Gaenssle, Sophia/Stöhr, Annika, Der Entwurf zur 10. GWB Novelle: Interventionismus oder Laissezfaire? Ilmenau Economics Discussion Papers, No. 140, S. 2, https://www.econstor.eu/bitstream/10419/218964/1/169997652X.pdf, besucht am 05.07.2020.

竞争法》施行的效果确定性与可预期性;其三,确保反垄断监管机构能够更加迅捷地介入与规制由平台企业实施的滥用市场优势力量的行为(该目标系由德国政党基民盟/基社盟与社会民主党在2018年提出,并由德国联邦经济与能源部在2020年再次提出);其四,执行欧盟第2019/1号指令的要求,并在欧盟范围内推动统一各国竞争法的进程;其五,在德国反垄断损害赔偿领域革新与优化相关条款内容。[1]

不容忽视的是,德国联邦经济与能源部在制定关于《反限制竞争法》第十次修订的法案草案时,采纳与融合了来自德国社会各方主体的关于反垄断法数字化改革的建设性观点。这一法案草案所采纳与融合的主要观点来源包括:其一,德国政党基民盟/基社盟与社会民主党签订的联盟协议的相关要求;其二,由德国联邦经济与能源部委托进行的关于"滥用行为监管改革"(Reform der Missbrauchsaufsicht)的研究项目的成果;其三,竞争法4.0版本委员会的相关工作成果;其四,在国际领域涉及竞争法改革的重要研讨成果,这类成果主要包括英国的弗曼报告(Furman-Bericht aus Großbritannien)、由欧盟竞争事务专员玛格丽特·维斯塔格女士指定专家提交的欧盟特别顾问报告"数字时代的竞争政策"、[2]澳大利亚竞争与消费者委员会关于数字平台调查的最终报告[Final Report der Australian

---

[1] Budzinski, Oliver/Gaenssle, Sophia/Stöhr, Annika, Der Entwurf zur 10. GWB Novelle: Interventionismus oder Laissezfaire? Ilmenau Economics Discussion Papers, No. 140, S. 6, https://www.econstor.eu/bitstream/10419/218964/1/169997652X.pdf, besucht am 05.07.2020; Hoffmann Liebs Kartellrecht, Die 10. GWB - Novelle - Ein Überblick, https://www.hoffmannliebs.de/blog/gwb-novelle, besucht am 05.07.2020.

[2] European Commission, Competition Policy for the digital era (Final report), https://ec.europa.eu/competition/publications/reports/kd0419345enn.pdf, last visited: June 30, 2020.

Competition & Consumer Commission（ACCC）Digital Platforms Inquiry］。[1]

德国关于《反限制竞争法》第十次修订的法案草案揭示出德国一项具象化的立法规划：在未来，德国联邦卡特尔局将被依法授予更为宽泛的执法权限。[2]就浅层次数字化改革宗旨而言，在德国《反限制竞争法》第九次修订完结的两年后，德国就启动《反限制竞争法》第十次修订进程的直接意图是"针对从事数字商业模式的企业实施更加严格的反垄断规制"（zu einer schärferen kartellrechtlichen Regulierung von Unternehmen mit digitalen Geschäftsmodellen）。[3]就深层次数字化改革宗旨而言，德国启动与实施《反限制竞争法》第十次修订进程亦隐含该国一项极其雄心勃勃的计划，具言之，德国希望通过《反限制竞争法》的数字化改革，跻身成为"数字市场反垄断法律规制的先驱"。[4]

第三节　德国《反限制竞争法》数字化改革的细化路径

在数字经济时代新型垄断行为规制层面，德国《反限制竞争法》数字化改革计划主要聚焦于事前规制与事后规制两个层

---

［1］　BMWi, GWB‐Digitalisierungsgesetz, S.1, https：//www.bmwi.de/Redaktion/DE/Downloads/G/gwb-digitalisierungsgesetz-zuammenfassung.pdf?__blob=publicationFile&v=4, besucht am 30.06.2020.

［2］　Hogan Lovells Kartellrechts‐Radar, Herbst 2019‐Was Sie auf dem Schirm haben sollten, Fokus Digitalökonomie, S.1, https：//www.hoganlovells.com/~/media/germany_folder-for-german-team/newsletter/kartellrechts_radar_herbst_2019.pdf, besucht am 04.07.2020.

［3］　Hogan Lovells Kartellrechts‐Radar, Herbst 2019‐Was Sie auf dem Schirm haben sollten, Fokus Digitalökonomie, S.1.

［4］　Hogan Lovells Kartellrechts‐Radar, Herbst 2019‐Was Sie auf dem Schirm haben sollten, Fokus Digitalökonomie, S.1.

面的法律条款的革新与重构。在事前规制层面，德国法学理论界人士与修法机关希冀通过提高经营者集中案件申报门槛的方式，降低德国联邦卡特尔局需要审查的经营者集中案件申报数量，从而扭转当前德国联邦卡特尔局在经营者集中审查领域面临的由于案件数量过多而不堪重负的局面，进而降低德国联邦卡特尔局的官僚主义成本，节省德国联邦卡特尔局的执法资源，并提升德国联邦卡特尔局审查经营者集中申报案件的效率，使其能够聚焦审查可能具有重大限制竞争影响的经营者集中申报案件；此外，德国修法机关亦希望通过提高经营者集中案件申报门槛的方式，改善中小型企业面临的营商环境。[1]

在事后规制层面，德国修法机关希望通过革新与重构"滥用市场支配地位行为"规制条款的方式，以更加有效地规制数字经济时代新型垄断行为。进一步而言，德国《反限制竞争法》数字化改革的一个明确的具象化目标是："在数字市场滥用市场力量行为规制层面"进行修订与革新。依据法学专家的建议，德国修法机关应当主要在以下三个层面强化对企业滥用市场力量行为的规制力度：其一，在数字经济领域，将控制"与竞争相关的数据"获取渠道厘定为企业具有市场支配地位的参考依据之一，并补充设定相关的滥用市场支配地位行为的认定标准；其二，在滥用相对优势地位行为的规制层面，拓展现行竞争规则的适用范围，以防范与遏制企业滥用相对优势地位的行为；其三，明晰"具有显著跨市场竞争影响的企业所实施的滥用市场力量行为"的界定标准；经由此类界定标准，反垄断执法与

---

〔1〕 Budzinski, Oliver/Gaenssle, Sophia/Stöhr, Annika, Der Entwurf zur 10. GWB Novelle: Interventionismus oder Laissezfaire? Ilmenau Economics Discussion Papers, No. 140, S. 21, https://www.econstor.eu/bitstream/10419/218964/1/169997652X.pdf, besucht am 05.07.2020.

第四章　网络平台企业新型垄断行为的域外规制范式

司法机关应当可以解析数字生态系统的复杂结构,并进一步确定相关企业在这类数字生态系统中的角色定位。[1]

根据德国《反限制竞争法》第十次修订法案草案及其他相关材料可知,"在数字市场滥用市场力量行为规制层面"进行的修订与革新主要聚焦于以下细节内容：

第一,应当将控制"与竞争相关的数据"获取渠道作为确定企业市场支配地位的一个重要参考要素；进一步而言,如果一家企业控制"与竞争相关的数据"获取渠道,并拒绝竞争对手合理获取这类数据,那么这家企业可能构成滥用市场支配地位的垄断行为。

第二,德国联邦卡特尔局应当获得授权,以确定大型数字平台企业是否具有"显著跨市场竞争影响",并有权要求具有"显著跨市场竞争影响"的大型数字平台企业受到更加严格的反垄断法律标准的规制。

第三,明确以多边市场数字平台企业为代表的中介主体可能具有市场优势地位；具言之,如果一个在多边市场经营的数字平台企业的经营模式为"通过收集、汇总与评估数据的途径以调和用户群体之间的供求关系",那么这一数字平台企业可能据此被认定为具有市场优势地位。

第四,迄今为止,如果小型企业与中型企业对于拥有相对优势市场力量的大型企业具有依赖性,那么小型与中型企业应当依法免受大型企业滥用相对优势力量行为所造成的损害；进一步而言,在将来反垄断法律革新之后,如果一个不拥有相对优势力量的大型企业对另一个拥有相对优势力量的大型企业具

---

[1] Budzinski, Oliver/Gaenssle, Sophia/Stöhr, Annika, Der Entwurf zur 10. GWB Novelle: Interventionismus oder Laissezfaire? Ilmenau Economics Discussion Papers, No. 140, S. 28.

有依赖性,并且两者之间存在市场力量层面的明显不对称性,那么前者应当依法免受后者滥用相对优势力量行为所造成的损害。

第五,德国联邦卡特尔局应当获得相应授权,其在将来应当能够更加便捷地采取临时措施(im Wege einstweiliger Maßnahmen),以有效应对随时可能发生的反竞争行为。[1]

与德国第九次修订版《反限制竞争法》相比较,德国联邦经济与能源部公布的关于《反限制竞争法》第十次修订法案草案的一大特色是增设第19a条,该条标题为"具有显著跨市场竞争重要性的企业的滥用行为"(Missbräuchliches Verhalten von Unternehmen mit überragender marktübergreifender Bedeutung für den Wettbewerb)。[2]依据法案草案第19a条第1款规定,德国联

---

[1] Hogan Lovells Kartellrechts-Radar, Herbst 2019-Was Sie auf dem Schirm haben sollten, Fokus Digitalökonomie, S. 1, https://www.hoganlovells.com/~/media/germany_folder-for-german-team/newsletter/kartellrechts_radar_herbst_2019.pdf, besucht am 04.07.2020.

[2] 草案"第19a条"德文版本内容如下:§19a Missbräuchliches Verhalten von Unternehmen mit überragender marktübergreifender Bedeutung für den Wettbewerb (1) Das Bundeskartellamt kann durch Verfügung feststellen, dass einem Unternehmen, das in erheblichem Umfang auf Märkten im Sinne des §18 Absatz 3a tätig ist, eine überragende marktübergreifende Bedeutung für den Wettbewerb zukommt. Bei der Feststellung der überragenden marktübergreifenden Bedeutung eines Unternehmens für den Wettbewerb sind insbesondere zu berücksichtigen: 1. seine marktbeherrschende Stellung auf einem oder mehreren Märkten, 2. seine Finanzkraft oder sein Zugang zu sonstigen Ressourcen, 3. seine vertikale Integration und seine Tätigkeit auf in sonstiger Weise miteinander verbundenen Märkten, 4. sein Zugang zu wettbewerbsrelevanten Daten, 5. die Bedeutung seiner Tätigkeit für den Zugang Dritter zu Beschaffungs-und Absatzmärkten sowie sein damit verbundener Einfluss auf die Geschäftstätigkeit Dritter. (2) Das Bundeskartellamt kann im Falle einer Feststellung nach Absatz 1 dem Unternehmen untersagen, 1. beim Vermitteln des Zugangs zu Beschaffungs-und Absatzmärkten die Angebote von Wettbewerbern anders zu behandeln als eigene Angebote; 2. Wettbewerber auf einem Markt, auf dem das betreffende Unternehmen

第四章 网络平台企业新型垄断行为的域外规制范式 ◇

邦卡特尔局可以通过决定形式确认第18条第3a款意义上的在很大程度上系在多个市场经营的一家企业具有显著跨市场竞争重要性;在确定一家企业是否具有显著跨市场竞争重要性时,必须特别考虑以下要素:

(1) 该家企业在一个或若干个市场上的市场优势地位。

(2) 该家企业的财务实力或获得其他资源的机会。

(3) 该家企业实施的垂直整合活动或以其他方式在相互关联的市场进行的活动。

(4) 该家企业获取与竞争相关的数据的渠道。

(5) 该家企业相关活动对第三方主体进入采购与销售市场的重要影响以及该家企业通过其相关活动对第三方主体业务活动的影响。

依据关于《反限制竞争法》第十次修订法案草案第19a条第2款规定,如果德国联邦卡特尔局确认存在本条第1款所述情形,那么德国联邦卡特尔局可以禁止具有显著跨市场竞争重要

---

seine Stellung auch ohne marktbeherrschend zu sein schnell ausbauen kann, unmittelbar oder mittelbar zu behindern, sofern die Behinderung geeignet wäre, den Wettbewerbsprozess erheblich zu beeinträchtigen; 3. durch die Nutzung der auf einem beherrschten Markt von der Marktgegenseite gesammelten wettbewerbsrelevanten Daten, auch in Kombination mit weiteren wettbewerbsrelevanten Daten aus Quellen außerhalb des beherrschten Marktes, auf einem anderen Markt Marktzutrittsschranken zu errichten oder zu erhöhen oder andere Unternehmen in sonstiger Weise zu behindern oder Geschäftsbedingungen zu fordern, die eine solche Nutzung zulassen; 4. die Interoperabilität von Produkten oder Leistungen oder die Portabilität von Daten zu erschweren und damit den Wettbewerb zu behindern; 5. andere Unternehmen unzureichend über den Umfang, die Qualität oder den Erfolg der erbrachten oder beauftragten Leistung zu informieren oder ihnen in anderer Weise eine Beurteilung des Wertes dieser Leistung zu erschweren. Dies gilt nicht, soweit die jeweilige Verhaltensweise sachlich gerechtfertigt ist. Die Darlegungs-und Beweislast obliegt insoweit dem betreffenden Unternehmen. § 32 Absatz 2 und 3, § 32a und § 32b gelten entsprechend. Die Verfügung nach Absatz 2 kann mit der Feststellung nach Absatz 1 verbunden werden. (3) §§ 19 und 20 bleiben unberührt.

性的企业从事以下行为：

（1）在提供进入采购市场与销售市场的渠道时，对竞争对手与自身所属企业实施区别对待，给予不同的准入报价。

（2）直接或间接在特定市场上（在该类市场上，具有显著跨市场竞争影响的企业即使不具有市场支配地位，亦可以迅速拓展其实力）阻碍竞争对手，而且这种阻碍行为可能显著削弱竞争机制。

（3）在其占支配地位的一个市场上收集市场相对方主体的竞争相关性数据，然后将这类竞争相关性数据与来源于其占支配地位的这一市场以外的其他竞争相关性数据相结合，最终通过整合与利用这类数据的方式，在另一个市场设立市场准入壁垒或者提高市场准入门槛，抑或以其他方式阻碍其他企业，抑或要求其他企业将允许该企业利用整合数据作为交易条件。

（4）减损数据或服务的互操作性（Interoperabilität）或数据的可移植性（Portabilität），从而损害竞争。

（5）没有将由其所提供的或受委托提供的服务的范围、质量或效果信息充分告知其他企业，或者以其他方式使其他企业难以评估这类服务的价值。

法案草案第 19a 条第 2 款亦进一步规定，如果前述具有显著跨市场竞争重要性的企业从事的相应行为具有客观合理性，那么前述禁止性规定不予适用；在这方面，相关企业承担解释与举证责任；在此情形下，该法第 32 条第 2 款与第 3 款、第 32a 条、第 32b 条可得相应适用；此外，基于第 19a 条第 2 款的指令可与基于第 19a 条第 1 款的认定相结合。依据关于《反限制竞争法》第十次修订法案草案第 19a 条第 3 款规定，该法第 19 条与第 20 条的效用不受影响。

如上所述，关于《反限制竞争法》第十次修订法案草案第

第四章　网络平台企业新型垄断行为的域外规制范式 ◇

19a条第1款与第2款厘定了不同于"滥用市场支配地位行为"与"滥用市场相对优势地位行为"的第三种类型的"企业滥用市场力量行为",即具有显著跨市场竞争重要性的企业实施的滥用市场力量行为。其中,《反限制竞争法》第十次修订法案草案第19a条第1款厘定了关于一家企业是否具有显著跨市场竞争重要性的评判标准,而第19a条第2款则确定了一家具有显著跨市场竞争重要性的企业滥用市场力量行为的界定标准与否定性法律后果。

德国旧版《反限制竞争法》及相关法律法规中并未包含"显著跨市场重要性"(überragende marktübergreifende Bedeutung)概念。因此,关于《反限制竞争法》第十次修订法案草案内置的这一全新概念的内涵与外延亟需得到细化。从立法设计而言,"跨市场重要性"可被定性为"系统性市场力量",该类力量可被视为不同于"绝对市场支配地位"与"相对市场支配地位"的第三种类型的强势企业市场力量表现样态。[1]在事实认定层面,如果相关企业具有事实上的市场支配地位(tatsächliche marktbeherrschende Stellungen),那么这类相关企业亦可被直接认定为具有"跨市场重要性"。在标准认定层面,相关机关可以依据"经典的单一市场支配标准"(klassische Einzelmarktbeherrschungskriterien)认定一个企业具有"跨市场重要性";相关机关在适用"经典的单一市场支配标准"时,可以附带考量经济依赖性因素与相对市场支配力因素。[2]

---

〔1〕 Budzinski, Oliver/Gaenssle, Sophia/Stöhr, Annika, Der Entwurf zur 10. GWB Novelle: Interventionismus oder Laissezfaire? Ilmenau Economics Discussion Papers, No. 140, S. 17, https://www.econstor.eu/bitstream/10419/218964/1/169997652X.pdf, besucht am 05.07.2020.

〔2〕 Budzinski, Oliver/Gaenssle, Sophia/Stöhr, Annika, Der Entwurf zur 10. GWB Novelle: Interventionismus oder Laissezfaire? Ilmenau Economics Discussion Papers, No. 140, S. 17.

2021年1月19日，德国《反限制竞争法》第十次修订法案正式生效。德国新版《反限制竞争法》第19a条规定如下：

19a 具有显著跨市场竞争重要性的企业的滥用行为

1. 联邦卡特尔局可以通过指令形式认定某一主要在第18条第3a款界定的市场内运营的企业具有显著跨市场竞争重要性。在认定某一企业具有显著跨市场竞争重要性时，尤其应当考虑以下因素：

（1）在一个或多个市场的支配地位情况；

（2）财力以及是否能够获得其他资源；

（3）纵向一体化以及在其他相关联市场的活动情况；

（4）能够获得竞争相关数据的情况；

（5）其活动对第三方进入采购和销售市场的重要性及其对第三方业务活动的相关影响。

根据本款第1句作出的指令的存续期限应限于其生效后五年内。

2. 在根据第1款作出认定的情形下，联邦卡特尔局可禁止该企业实施以下行为：

（1）在设置采购和销售市场准入条件时，采取使自身的产品比竞争对手产品更受优待的行动，特别是：

（a）优先展示自身的产品；

（b）在设备上排他性预安装自身的产品或以其他方式将自身的产品整合；

（2）采取阻碍其他企业在采购或销售市场上进行经营的措施，而该企业的活动对这些市场准入而言至关重要，特别是：

（a）采取独家预安装或整合该企业自身产品的措施；

（b）阻止或者妨碍其他企业实施以下行为：推广其自

第四章　网络平台企业新型垄断行为的域外规制范式 ◇

身产品，或者通过该企业提供或介绍的渠道以外的途径接触客户；

（3）直接或间接阻碍竞争对手在某一市场上的竞争，而在这一市场上，该企业即使不占市场支配地位也能迅速扩张其影响力，特别是：

（a）使对该企业某产品的使用与对该项使用而言并非必需的其另一产品的自动使用相结合，而不允许用户对使用另一产品的情况、类型和方式予以充分选择；

（b）对该企业某产品的使用需依赖于对其另一产品的使用；

（4）通过处理该企业所搜集的竞争相关数据，设置或显著增加市场进入壁垒，或以任何其他方式阻碍其他企业，或以准许处理该数据作为交易条件，特别是：

（a）在用户同意企业处理企业或第三方通过提供其他服务搜集的数据的情况下才能够使用该服务，且不给予用户充分选择关于数据处理的情形、目的和方式的自由；

（b）处理从其他企业收到的与竞争有关的数据，但不是基于为了向其他企业提供自身服务的目的，且不给予其他企业充分选择关于数据处理的情形、目的和方式的自由；

（5）拒绝或者阻碍商品、服务的相互操作性或者数据的可移植性从而阻碍竞争；

（6）未充分告知其他企业所提供或者委托的服务的范围、质量、成功情况或者其他使其他企业难以评估服务价值的情况；

（7）在应对处理另一企业的产品时要求此企业给予利益，而被索要的利益与索要依据之间没有合理对应关系，特别是：

(a) 要求为其产品展示的目的而移转数据或其他权利,而在此情形下这些数据或权利并不是必不可少的;

(b) 使该产品展示的质量取决于数据或权利移转,但这些数据或权利的移转与之并无合理对应关系。

以上情形不适用于行为客观合理的情况。举证责任和解释责任由企业承担。

第 32 条第 2 款和第 3 款、第 32a 条和第 32b 条比照适用。本条第 2 款所指的指令可与第 1 款所指的认定相联系。

3. 第 19 条和第 20 条效力不受影响。

4. 联邦经济与能源部应在本法生效 4 年后向立法机构报告本条第 1 款和第 2 款规定的执法经验。[1]

---

[1] 参见宋迎、翟巍、刘莹译:《德国〈反对限制竞争法修正案〉(GWB-数字化法案)中译本》,载 https://www.toutiao.com/i6937993133636633125/,最后访问日期:2021 年 3 月 11 日。德国新版《反限制竞争法》第 19a 条德文规定如下:§ 19a Missbräuchliches Verhalten von Unternehmen mit überragender marktübergreifender Bedeutung für den Wettbewerb(1)Das Bundeskartellamt kann durch Verfügung feststellen, dass einem Unternehmen, das in erheblichem Umfang auf Märkten im Sinne des § 18 Absatz 3a tätig ist, eine überragende marktübergreifende Bedeutung für den Wettbewerb zukommt. Bei der Feststellung der überragenden marktübergreifenden Bedeutung eines Unternehmens für den Wettbewerb sind insbesondere zu berücksichtigen:1. seine marktbeherrschende Stellung auf einem oder mehreren Märkten,2. seine Finanzkraft oder sein Zugang zu sonstigen Ressourcen,3. seine vertikale Integration und seine Tätigkeit auf in sonstiger Weise miteinander verbundenen Märkten,4. sein Zugang zu wettbewerbsrelevanten Daten,5. die Bedeutung seiner Tätigkeit für den Zugang Dritter zu Beschaffungs – und Absatzmärkten sowie sein damit verbundener Einfluss auf die Geschäftstätigkeit Dritter. Die Verfügung nach Satz 1 ist auf fünf Jahre nach Eintritt der Bestandskraft zu befristen.(2)Das Bundeskartellamt kann im Falle einer Feststellung nach Absatz 1 dem Unternehmen untersagen,1. beim Vermitteln des Zugangs zu Beschaffungs-und Absatzmärkten die eigenen Angebote gegenüber denen von Wettbewerbern bevorzugt zu behandeln, insbesondere a)die eigenen Angebote bei der Darstellung zu bevorzugen;b)ausschließlich eigene Angebote auf Geräten vorzuinstallieren oder in anderer Weise in Angebote des Unternehmens zu integrieren;

第四章　网络平台企业新型垄断行为的域外规制范式 ◇

依据德国新版《反限制竞争法》第 19a 条，如果一家网络平台企业被认定为属于对竞争具有至关重要的跨市场影响的经营

2. Maßnahmen zu ergreifen, die andere Unternehmen in ihrer Geschäftstätigkeit auf Beschaffungs-oder Absatzmärkten behindern, wenn die Tätigkeit des Unternehmens für den Zugang zu diesen Märkten Bedeutung hat, insbesondere a) Maßnahmen zu ergreifen, die zu einer ausschließlichen Vorinstallation oder Integration von Angeboten des Unternehmens führen; b) andere Unternehmen daran zu hindern oder es ihnen zu erschweren, ihre eigenen Angebote zu bewerben oder Abnehmer auch über andere als die von dem Unternehmen bereitgestellten oder vermittelten Zugänge zu erreichen; 3. Wettbewerber auf einem Markt, auf dem das Unternehmen seine Stellung, auch ohne marktbeherrschend zu sein, schnell ausbauen kann, unmittelbar oder mittelbar zu behindern, insbesondere a) die Nutzung eines Angebots des Unternehmens mit einer dafür nicht erforderlichen automatischen Nutzung eines weiteren Angebots des Unternehmens zu verbinden, ohne dem Nutzer des Angebots ausreichende Wahlmöglichkeiten hinsichtlich des Umstands und der Art und Weise der Nutzung des anderen Angebots einzuräumen; b) die Nutzung eines Angebots des Unternehmens von der Nutzung eines anderen Angebots des Unternehmens abhängig zu machen; 4. durch die Verarbeitung wettbewerbsrelevanter Daten, die das Unternehmen gesammelt hat, Marktzutrittsschranken zu errichten oder spürbar zu erhöhen, oder andere Unternehmen in sonstiger Weise zu behindern, oder Geschäftsbedingungen zu fordern, die eine solche Verarbeitung zulassen, insbesondere a) die Nutzung von Diensten davon abhängig zu machen, dass Nutzer der Verarbeitung von Daten aus anderen Diensten des Unternehmens oder eines Drittanbieters zustimmen, ohne den Nutzern eine ausreichende Wahlmöglichkeit hinsichtlich des Umstands, des Zwecks und der Art und Weise der Verarbeitung einzuräumen; b) von anderen Unternehmen erhaltene wettbewerbsrelevante Daten zu anderen als für die Erbringung der eigenen Dienste gegenüber diesen Unternehmen erforderlichen Zwecken zu verarbeiten, ohne diesen Unternehmen eine ausreichende Wahlmöglichkeit hinsichtlich des Umstands, des Zwecks und der Art und Weise der Verarbeitung einzuräumen; 5. die Interoperabilität von Produkten oder Leistungen oder die Portabilität von Daten zu verweigern oder zu erschweren und damit den Wettbewerb zu behindern; 6. andere Unternehmen unzureichend über den Umfang, die Qualität oder den Erfolg der erbrachten oder beauftragten Leistung zu informieren oder ihnen in anderer Weise eine Beurteilung des Wertes dieser Leistung zu erschweren; 7. für die Behandlung von Angeboten eines anderen Unternehmens Vorteile zu fordern, die in keinem angemessenen Verhältnis zum Grund der Forderung stehen, insbesondere a) für deren Darstellung die Übertragung von Daten oder Rechten zu fordern, die dafür nicht zwingend erforderlich sind; b) die Qualität der Darstellung dieser Angebote von der Übertragung von Daten oder Rechten

者范畴，那么这家网络平台企业将不得实施以下链接封禁垄断行为：

第一，通过处理所搜集的竞争相关数据，设置或显著增加市场进入壁垒，或以任何其他方式阻碍其他经营者，或以准许处理数据作为交易条件。

第二，拒绝或者阻碍商品、服务的相互操作性或者数据的可移植性从而阻碍竞争。

进一步而言，依据德国联邦卡特尔局的观点，在数字经济相关市场，一家具有强大市场力量的企业可能阻碍其竞争对手独立实现网络效应，从而导致市场的效能竞争严重受阻。而具有强大市场力量的企业实施的这类滥用市场力行为包括禁止、阻碍用户多归属的行为与增加用户转换平台难度的行为。[1]

德国新版《反限制竞争法》第 20 条第 1a 款规定："第 1 款所指的依赖性也可能是由于一个经营者为其本身的活动依赖于获取另一个经营者控制的数据。拒绝以合理费用开放此类数据可能构成本条第 1 款及第 19 条第 2 款第 1 项规定的不合理阻碍。

---

abhängig zu machen, die hierzu in keinem angemessenen Verhältnis stehen. Dies gilt nicht, soweit die jeweilige Verhaltensweise sachlich gerechtfertigt ist. Die Darlegungs-und Beweislast obliegt insoweit dem Unternehmen. § 32 Absatz 2 und 3, die §§ 32a und 32b gelten entsprechend. Die Verfügung nach Absatz 2 kann mit der Feststellung nach Absatz 1 verbunden werden. (3) Die §§ 19 und 20 bleiben unberührt. (4) Das Bundesministerium für Wirtschaft und Energie berichtet den gesetzgebenden Körperschaften nach Ablauf von vier Jahren nach Inkrafttreten der Regelungen in den Absätzen 1 und 2 über die Erfahrungen mit der Vorschrift.

[1] Bundeskartellamt, Missbrauchsaufsicht, https://www.bundeskartellamt.de/DE/Missbrauchsaufsicht/missbrauchsaufsicht_node.html#doc3590140bodyText6 besucht am 26.03.2021.

第四章　网络平台企业新型垄断行为的域外规制范式

这同样适用于这些数据业务交易尚未开始的情形。"[1]德国新版《反限制竞争法》第 20 条第 3a 款规定："如果在第 18 条第 3a 款所指的市场中具有优势市场力量的经营者阻碍竞争对手独立实现网络效应,从而导致发生效率竞争受到相当程度限制的严重风险,则第 3 款第 1 句所指的不合理阻碍也存在。"[2]依据德国新版《反限制竞争法》第 20 条第 1a 款与第 3a 款的规定,如果一家网络平台企业实施不予直链、拒绝开放 API 等链接封禁行为,拒绝其他经营者访问该网络平台企业所掌控的数据、网络或其他基础设施,而其他经营者为其本身的活动而依赖于这家网络平台企业控制的数据,抑或这家网络平台企业具有市场优势力量,其所实施的不予直链、拒绝开放 API 等链接封禁行为阻碍其他经营者独立实现网络效应,那么在前述两种情形下,这家网络平台企业均涉嫌构成不合理阻碍行为。

2019 年 2 月 7 日,德国联邦卡特尔局裁定,脸书公司在没有获得用户知晓或允许的情形下,擅自从脸书以外的渠道(譬如,在用户每次点击"赞"键时)搜集用户个人数据,并使用这类数据编辑关于每个用户的独特数据库,从而使脸书公司能够向广告商提供针对明确对象的私人订制式的广告投放服务。由于脸书公司通过前述行为侵犯了用户隐私,但没有排斥竞争对手,因而德国联邦卡特尔局将脸书公司的行为定性为剥削性滥用行

---

[1] 参见宋迎、翟巍、刘莹译:《德国〈反对限制竞争法修正案〉(GWB-数字化法案)中译本》,载 https://www.toutiao.com/i6937993133636633125/,最后访问日期:2021 年 3 月 11 日。

[2] 参见宋迎、翟巍、刘莹译:《德国〈反对限制竞争法修正案〉(GWB-数字化法案)中译本》,载 https://www.toutiao.com/i6937993133636633125/,最后访问日期:2021 年 3 月 11 日。

为。[1]德国联邦卡特尔局在认定脸书公司构成剥削性滥用行为的过程中，援用了契约原则与数据保护原则，并在反垄断分析中引用这两项原则的价值理念。[2]

2020年12月，由于脸书网络与Oculus之间的联结，德国联邦卡特尔局开启针对脸书公司的反垄断调查程序，以确定脸书公司是否构成滥用市场力的垄断行为。由于在2021年1月19日，德国《反限制竞争法》第十次修订法案已经正式生效，因而德国联邦卡特尔局拓展了调查范围，开始依据德国新版《反限制竞争法》第19a条审查脸书公司是否属于"具有显著跨市场竞争影响的企业"，并据此对脸书网络与Oculus之间的联结行为予以反垄断分析。[3]德国联邦卡特尔局主席安德里雅思·蒙特就此表示："针对数字康采恩实施新型干预方案的前提条件是假定所涉的这家企业具有'显著的跨市场重要性'。这种重要性尤其体现在一个遍布各类市场的生态系统——一种难以被抵御的经济实力地位。鉴于拥有脸书社交网络、WhatsApp和Instagram的脸书公司具备强大的市场地位，因此需要考察该家公司是否具有显著的跨市场重要性。本案是我们适用新规定的第一个案例。"[4]

---

[1] [美]埃莉诺·M.福克斯：《平台，力量与反垄断挑战：对缩小美国与欧洲分歧的审慎建议》，周丽霞译，载《竞争政策研究》2020年第5期。

[2] [美]埃莉诺·M.福克斯：《平台，力量与反垄断挑战：对缩小美国与欧洲分歧的审慎建议》，周丽霞译，载《竞争政策研究》2020年第5期。

[3] Bundeskartellamt, Bundeskartellamt prüft im Facebook/Oculus-Verfahren auch den neuen §19a GWB, Meldung vom: 28.01.2021, www.bundeskartellamt.de, besucht am 20.02.2021.

[4] Bundeskartellamt, Bundeskartellamt prüft im Facebook/Oculus-Verfahren auch den neuen §19a GWB, Meldung vom: 28.01.2021, www.bundeskartellamt.de, besucht am 20.02.2021.

第四节　德国《反限制竞争法》第十次修订的启示

迄今为止，我国立法机关已经开启现行《反垄断法》的修订流程，而"契合数字经济时代需求、革新现有反垄断法律条款"应当属于本次《反垄断法》修订的核心要旨之一。我国竞争法学界权威专家针对此项问题亦已作出系统阐释。譬如，黄勇教授提出"反垄断法修订要考虑我国数字经济整体的创新与产业发展"的观点，[1]而时建中教授亦提出"反垄断立法需对平台间的算法默示共谋行为作出回应"的观点。[2]基于域外借鉴与本土生成的融合视角，我国立法机关可以汲取德国《反限制竞争法》第十次修订计划及其法案内置理念与制度设计的合理因子，并依据我国数字经济发展现状推进现行《反垄断法》数字化改革进程。综合而言，德国《反限制竞争法》第十次修订计划及其法案给予我国以下三点启示：

第一，基于竞争政策在国家经济政策体系中的基础性地位，我国竞争政策应当对数字市场的产业政策、贸易政策、投资政策以及其他类型的国家经济政策发挥统领、协调与矫正作用；就功能定位而言，数字化改革后的反垄断法律制度应当属于我国贯彻数字市场竞争政策宗旨与理念的制度性工具之一。在此制度架构下，我国数字化改革后的《反垄断法》亦应被定性为"我国契合经济数字化与全球化要求的数字经济监管框架"的有

---

〔1〕　黄勇：《反垄断法修订要考虑我国数字经济整体的创新与产业发展》，载 http://www.mzyfz.com/html/1335/2020-06-18/content-1430056.html，最后访问日期：2020年7月5日。

〔2〕　时建中：《反垄断立法需对平台间的算法默示共谋行为作出回应》，载 http://www.mzyfz.com/html/1335/2020-06-16/content-1429912.html，最后访问日期：2020年7月5日。

机组成部分，从而促成反垄断法律制度与数据安全法律制度、电子商务交易法律制度等数字经济相关监管制度的有机融合与无缝衔接。

第二，将来数字化改革后的《反垄断法》应当被视为实现"目标束"的必要工具。基于我国的现实国情与反垄断规制态势，此处所述的"目标束"包括以下细化子目标：①更加有效地规制数字经济时代新型垄断行为，尤其是针对采用数字商业模式的企业实施更加严格的反垄断规制，以妥善应对由数字化引发经济实力关系变革所导致的传统竞争政策体系面临的严峻挑战；②促使我国成为东亚乃至全世界数字市场反垄断法律规制的先驱，最终使数字化改革后的反垄断法律成为我国"软实力"的表现，亦使数字化改革后的反垄断法律能够成为保障我国数字市场营商环境的核心机制之一；③为反垄断执法与司法机关提供明晰的《反垄断法》实施指南，使反垄断执法与司法机关可以精准解析数字生态系统的复杂结构，并进一步确定相关企业在这类数字生态系统中的角色定位。

第三，我国立法机关在修订《反垄断法》过程中，应当重构现行《反垄断法》关于规制"滥用市场支配地位垄断行为"法条（《反垄断法》第17~19条、第47条）的基本内容。具言之，我国现行《反垄断法》仅包含一种类型的企业滥用市场力量行为，即企业滥用市场支配地位行为。为了全面与系统规制数字经济时代企业实施的滥用市场力量行为，以维护与强化数字市场具有可持续发展性的竞争机制，我国立法机关有必要在将来新修订的《反垄断法》中增设适应数字经济时代需求的新型企业滥用市场力量行为。举例而言，我国立法机关可在新设的禁止滥用市场力量行为条款中增设以下两类滥用市场力量行为：其一，企业滥用相对优势地位行为；其二，具有显著跨市场竞争重要性的企业实施滥用市场力量行为。

综上所述,数字经济的发展导致德国旧版《反限制竞争法》暴露出罅隙与软肋,因而德国旧版《反限制竞争法》的数字化改革势在必行。基于这一情况,德国立法机关开启旧版《反限制竞争法》的数字化改革进程,并已经完成对《反限制竞争法》的第十次修订。德国《反限制竞争法》第十次修订法案是德国《反限制竞争法》数字化改革的里程碑式事件。该法案内容聚焦于实现"更好地规制在线市场"的目标,并侧重于建构关于大型、超大型数字平台企业垄断行为的新型规制机制;由于其内置的新型规制思路与制度设计契合数字市场反垄断法律规制基本需求,因而该项法案值得我国立法机关及学界、实务界人士关注、研判与借鉴。

第五节　美欧关于网络平台企业新型垄断行为最新规制范式

美国、欧盟与我国同属于世界三大反垄断法域。针对网络平台企业新型垄断行为的规制问题,美国、欧盟公权力机关均在立法设计与执法、司法实践领域探索设定最新的规制理念、方式与工具。其中,美国众议院司法委员会发布《数字市场竞争状况调查报告》,并在司法委员会层面通过加强反垄断执法与确保在线竞争的一系列反垄断法案,它们包括《并购申报费用现代化法案》(Merger Filing Fee Modernization Act of 2021)、《州反垄断执法场所法案》(State Antitrust Enforcement Venue Act)、《启用服务交换法案》(Augmenting Compatibility and Competition by Enabling Service Switching Act of 2021)、《平台竞争与机会法案》(Platform Competition and Opportunity Act)、《美国选择与创新在线法案》(American Choice and Innovation Online Act)、《终止平台垄断法案》(Ending Platform Monopolies Act),这一系列法案还需经过众议院、参议院的进一步审议;而欧盟委员会发布《数字市场法》(DMA)草案。

一、美国立法机关针对新型垄断行为的规制范式

在美国联邦法律层面,反垄断法律包括《谢尔曼法》《克莱顿法》与《联邦贸易委员会法》等。在美国反垄断执法过程中,以下平台经济领域的垄断问题引起高度关注:①平台企业实施的封禁行为是否影响竞争;②平台企业通过收集的数据打造数据壁垒如何影响竞争;③平台企业收集到的海量数据是否构成新的市场进入者的门槛或者障碍;④平台企业给予自己产品或服务优待并且排除潜在竞争者是否合法合理。[1]

为了有效发现、识别与规制超大型数字平台企业的垄断行为,美国有关人士亦提出建议,希望在现有联邦贸易委员会架构下直接设立专门性监管机构,或者参照以往设立联邦通信委员会的模式,单独成立一个监管机构。[2]涉及链接封禁等新型垄断行为规制的美国典型案例包括微软滥用市场支配地位案、海酷实验室公司诉领英案、脸书公司滥用市场支配地位案等。

2019年6月,美国众议院民主、共和两党针对美国数字市场中的竞争状况进行一场范围极广的彻底调查,并最终将调查内容、结论汇编成《数字市场竞争状况调查报告》。这项调查包括以下三项目的:其一,厘定当前美国数据市场中出现的涉及竞争层面的无法解决的难题;其二,详尽分析是否有处于支配

---

〔1〕 朱明钏:《"平台封禁、数据壁垒"等反垄断问题需要引起注意》,载《上海法治报》头条公众号,2021年3月13日。

〔2〕 朱明钏:《"平台封禁、数据壁垒"等反垄断问题需要引起注意》,载《上海法治报》头条公众号,2021年3月13日。

第四章　网络平台企业新型垄断行为的域外规制范式 ◇

地位的企业实施反竞争行为；其三，评估美国现行的反垄断法律、美国行政机关实施的竞争政策以及美国行政机关当前的执法水平是否足以应对、处理垄断争议性问题。[1]

2020年10月6日，美国众议院司法委员会正式发布《数字市场竞争状况调查报告》，该报告的指导思想体现出浓厚的"新布兰代斯学派"色彩。[2]譬如，基于对脸书公司链接封禁的反垄断调查，美国众议院司法委员会《数字市场竞争状况调查报告》建议，恢复数字经济市场的竞争态势的方法之一为："加强数据互操作性、可迁移性和开放接口促进创新。"[3]

具言之，在社交网络与社交媒体市场（Social Networks and Social Media），经营者提供社交媒体产品与服务。社交媒体产品与服务包括社交网络平台、通信平台、媒体平台等。这类平台旨在通过促进"在线共享、创建、交流内容与信息"的方式吸引广大用户。[4]由于脸书是世界上最为庞大的社交网络，它在全世界大约拥有23亿活跃用户，每天约有15亿人使用脸书，[5]因而美国众议院司法委员会在《数字市场竞争状况调查报告》中分析认定，脸书公司在社交网络市场处于支配地位。

美国众议院司法委员会《数字市场竞争状况调查报告》认为，脸书公司通过控制其平台访问权限的方式排除、限制竞争。

---

〔1〕 蒋天伟：《数据可迁移性和数据互操作性，是美国数据垄断规制的立法主流》，载《上海法治报》头条公众号，2021年3月12日。

〔2〕 陈永伟：《美国众议院〈数字市场竞争状况调查报告〉介评》，载《竞争政策研究》2020年第5期。

〔3〕 陈永伟：《美国众议院〈数字市场竞争状况调查报告〉介评》，载《竞争政策研究》2020年第5期。

〔4〕 House Judiciary Committee, Investigation of Competition in Digital Markets, 2020, p. 88.

〔5〕 [美]埃莉诺·M.福克斯：《平台，力量与反垄断挑战：对缩小美国与欧洲分歧的审慎建议》，周丽霞译，载《竞争政策研究》2020年第5期。

脸书公司开发了脸书平台，其功能是将其他应用程序连接到脸书公司所属的社交网络。然而，脸书公司发现某些社交应用程序变得越来越流行，并且这类程序可能与脸书公司旗下相关产品展开竞争；在此情形下，脸书公司基于排除、限制竞争的目的，拒绝这类流行的社交应用程序访问脸书公司所属社交网络。[1]

基于上述，美国众议院司法委员会《数字市场竞争状况调查报告》对于脸书公司的链接封禁行为提出指控。该报告认为，由于脸书平台拒绝互联互通，因而用户面临非常高的迁移成本；由于这一原因，用户被最终锁定在脸书平台之内。基于此，该报告建议，美国国会有必要考虑落实平台的互操作性与数据的可携带性，从而破解脸书公司实施的封禁垄断行为。具体来说，具有市场支配地位的脸书公司应当确保自身的平台服务与其他网络之间具有兼容性，确保内容与信息在不同平台之间便捷迁移，并且增加互操作性与开放接触方式，同时以这种方式来推进、保障创新活动。[2]

美国众议院司法委员会《数字市场竞争状况调查报告》还进一步提出，在互联网平台经济领域，具有市场支配地位的平台企业承担的确保互操作性要求的成本相对而言比较低。其原因在于，如果具有市场支配地位的平台企业准备使其平台满足互操作性要求，那么它并不需要重新购置、调试机器，亦不需要专门设置实体的网络线路进行联结；在人才资源使用方面，具有市场支配地位的平台企业为了实现所属平台的互操作性，并不需要安排数目众多的专业技术工程师。总括而言，在实现

---

[1] House Judiciary Committee, Investigation of Competition in Digital Markets, 2020, pp. 166-167.
[2] 蒋天伟：《数据可迁移性和数据互操作性，是美国数据垄断规制的立法主流》，载《上海法治报》头条公众号，2021年3月12日。

第四章　网络平台企业新型垄断行为的域外规制范式　◇

互操作性层面,具有市场支配地位的平台企业需要承担的主要成本就是其需要重新设计存储形式。[1]

值得关注的是,美国众议院司法委员会在《数字市场竞争状况调查报告》中主张,确保平台的互操作性与严格执行反垄断法之间是互补关系,而非替代关系。具言之,脸书公司已经在社交网络平台上形成垄断性的倾覆力量;基于这种内在的强势力量,脸书公司即使被迫开通脸书平台的互操作性,该公司的市场地位亦不会受到立即影响,它依然可能形成垄断态势。[2]美国众议院司法委员会《数字市场竞争状况调查报告》还精准阐释关于数据可携带性的现实意义。依据该报告观点,由于用户对于控制大数据资源的具有市场支配地位的平台企业产生较高黏附性,因而用户若要放弃使用该平台将承担高额成本;基于此情境,这一平台企业所控制的大数据资源已经构成竞争者进入与消费者退出的壁垒。该报告建议,为了化解这一壁垒困境,立法机关应当优先考虑确保平台所掌控大数据资源的可移动性与可移植性,从而将大数据资源的可携带性设定为平台互操作性的一种补充属性,以打破由控制大数据资源的具有支配地位企业所塑造的垄断效应。[3]

2021年4月,美国众议院司法委员会表决通过《数字市场竞争状况调查最终报告》(Final Report on Investigation of Competition in Digital Markets)。该报告进一步完善与优化了《数字市场竞争状况调查报告》关于强化数字经济领域反垄断监管的内

---

〔1〕 蒋天伟:《数据可迁移性和数据互操作性,是美国数据垄断规制的立法主流》,载《上海法治报》头条公众号,2021年3月12日。

〔2〕 蒋天伟:《数据可迁移性和数据互操作性,是美国数据垄断规制的立法主流》,载《上海法治报》头条公众号,2021年3月12日。

〔3〕 蒋天伟:《数据可迁移性和数据互操作性,是美国数据垄断规制的立法主流》,载《上海法治报》头条公众号,2021年3月12日。

容。2021年6月，美国众议院司法委员会通过六项反垄断法案，其目标是统筹管控由大型科技公司所拥有的巨大市场力量。其中，《并购申报费用现代化法案》与《州反垄断执法场所法案》的制定宗旨是推动美国反垄断执法改革进程，确保反垄断执法机构拥有更多的执法资源；《启用服务交换法案》的制定宗旨是增强平台兼容性与竞争性，确保主导平台与第三方平台之间具有互操作性，并要求确立消费者享有数据的跨平台移转权利；《平台竞争与机会法案》旨在防止大型平台企业针对作为潜在竞争对手的中小企业实施的"杀手式并购"行为；《美国选择与创新在线法案》旨在规制由"守门人"企业所实施的歧视性差别待遇行为；《终止平台垄断法案》旨在限制大型在线平台企业的滥用市场力行为，并要求这类企业分拆其业务领域。

二、欧盟涉及新型垄断行为规制的立法革新——《数字市场法》（DMA）草案

2020年12月15日，欧盟委员会正式提交两项数字经济法律草案：《数字市场法》（DMA）与《数字服务法》（DSA）。这两项法案均属于欧盟数字战略的核心构成部分。2022年1月，欧洲议会表决通过《数字服务法》，随后该法案被提交欧盟各成员国审议。2022年3月，欧洲议会、欧洲理事会与欧盟委员会就《数字市场法》达成临时协议，预计该法案将于2022年10月生效。

总体而言，《数字市场法》与《数字服务法》属于欧盟设定新型数字经济监管范式的立法成果，它们都是欧盟对数字经济时代利益格局的法治建构，并且都包含有维护互联网用户权益的条款。具体来说，虽然《数字市场法》与《数字服务法》之间存在相辅相成关系，但它们侧重的监管视角并不相同。《数字市场法》侧重于从维护自由竞争市场机制的视角遏制大型在

线企业的反竞争行为,《数字服务法》则侧重于从维护公平竞争市场机制的视角遏制大型在线企业的恶性竞争行为。

《数字市场法》被视为欧盟反垄断法在数字经济领域的延展与革新,这部法律的适用对象为具有"守门人"特征的大型在线企业,其制定目的是确保这类大型在线企业能够通过公平方式实施在线行为。[1]具体而言,欧盟立法者希冀通过制定《数字市场法》的方式,强化对于具有"守门人"特征的大型在线企业的监管与引导,防止这类企业对其他企业施加反竞争行为,同时避免这类企业的不当行为损害社会公共利益。

《数字市场法》草案设定一系列狭义界定标准,以评估哪些大型在线企业符合"守门人"企业的特征。具体而言,如果一家企业符合以下条件,那么它就属于被《数字市场法》草案规制的"守门人"企业,这类条件包括:其一,该企业具有强大的经济地位,在欧盟内部市场具有重大影响,并且在多个欧盟国家开展经营活动;其二,该企业具有很强的中介地位,这意味着,它将大量的用户群链接到大量的企业;其三,该企业在市场上拥有或将要拥有牢固与持久的地位,这意味着,它将长期保持稳定态势。[2]

值得注意的是,《数字市场法》并未替代欧盟反垄断法(譬如,《欧盟运行条约》第101、102条)及欧盟成员国反垄断法,就功能属性而言,《数字市场法》是对欧盟及欧盟成员国反垄断法的补充与革新。由于欧盟及欧盟成员国反垄断法的立法理念、

---

[1] European Commission, The Digital Markets Act: Ensuring Fair and Open Digital Markets, https://ec.europa.eu/info/strategy/priorities-2019-2024/europe-fit-digital-age/digital-markets-act-ensuring-fair-and-open-digital-markets_en, last visited: March 24, 2021.

[2] European Commission, The Digital Markets Act: Ensuring Fair and Open Digital Markets.

立法思路、条款设计发端于工业经济时代,因而这类法律在数字经济时代存在僵化性、滞后性、不周延性弊端;基于此,欧盟立法者希冀通过创设《数字市场法》的方式,有机融合关于垄断行为的事前规制与事中、事后规制机制,弥补现行反垄断法在规制数字经济时代新型垄断主体与新型垄断行为层面的空白与不足。

具体而言,《数字市场法》草案为符合"守门人"特征的大型在线企业专门设置了积极性义务与禁止性义务。根据该法案的要求,符合"守门人"特征的大型在线企业应当履行以下类型的积极性义务:其一,在特定情形下,"守门人"企业应当允许第三方主体与"守门人"企业自身旗下服务进行交互操作;其二,"守门人"企业应当允许企业用户访问由"守门人"企业在使用所属平台过程中所生成的数据;其三,"守门人"企业应当为在其平台投放广告的公司提供必要的工具与信息,以使广告商与发布者能够对由"守门人"企业所托管的广告进行自身的独立验证;其四,"守门人"企业应当允许企业用户在"守门人"企业所属平台之外推广其服务并与客户订立合同。[1]根据《数字市场法》草案的要求,符合"守门人"特征的大型在线企业应当履行以下类型的禁止性义务:其一,在"守门人"企业所属平台内,相较于第三方主体提供的服务、产品,"守门人"企业自身旗下服务、产品不得在排名层面获得不正当优势;其二,"守门人"企业不得禁止用户链接到"守门人"企业所属平台之外的企业;其三,"守门人"企业不得禁止用户卸载任何预装的软件

---

〔1〕 European Commission, The Digital Markets Act: Ensuring Fair and Open Digital Markets.

第四章　网络平台企业新型垄断行为的域外规制范式 ◇

或应用程序。[1]

如上所述，欧盟《数字市场法》草案为符合"守门人"特征的大型乃至超大型网络（数字）平台企业设置积极性义务和禁止性义务，这些义务所针对的行为类型恰恰是我国数字经济领域、互联网领域所受到广泛关注的垄断行为类型及其他相关违法行为类型。所以，我国公权力机关可以基于本国国情借鉴欧盟《数字市场法》草案关于积极性义务、禁止性义务的设定标准。具言之，在我国立法、执法、司法当中，公权力机关可以考虑针对超大型数字平台企业设定相应的义务标准，以更加富有针对性地规制这些企业实施的新型垄断行为。

例如，欧盟《数字市场法》草案规定，"守门人"平台企业在特定的情形之下，应当允许第三方主体与"守门人"平台企业自身旗下的服务进行交互操作，这项义务针对的行为其实就是在我国引起广泛关注的链接封禁、恶意不兼容等行为。由于"守门人"平台企业拒绝交互操作，会产生排斥、限制竞争的后果，因此在这种情形之下，欧盟《数字市场法》草案给这类企业设定一个相应的积极性义务。

又如，欧盟《数字市场法》草案规定，"守门人"平台企业应当允许企业用户访问由"守门人"平台企业在使用所属平台过程当中所生成的数据，这就涉及现在国内关注甚高的数据资源合理共享问题。当前我国《数据安全法》已经生效，该法要求对数据进行分级分类管理；在此前提下，如果一些头部平台企业掌握了大数据资源，而这类资源成为其他经营者进入某些相关市场的必要设施，但这类头部平台企业又禁止其他经营者访问这些数据资源，那么我国执法、司法机关通常使用禁止

---

[1] European Commission, The Digital Markets Act: Ensuring Fair and Open Digital Markets.

滥用市场支配地位条款规制这类行为，然而，该项条款的适用前提非常严苛，举证难度较大。而欧盟《数字市场法》草案直接对此规定相应的积极性义务，即"守门人"平台企业应当允许企业用户访问由"守门人"平台企业所属平台生成的数据资源。

再如，欧盟《数字市场法》草案规定，"守门人"平台企业应当为企业用户提供必要的信息与工具，使广告商和发布人可以对于"守门人"平台企业托管的广告进行独立的验证。在大数据经济时代，不只消费者面对经营者时处于信息不对称态势，而且一般企业相对于超大型数字平台企业来说也处于信息的不对称状态。在一般企业与超大型数字平台企业进行交易过程中，前者是否获得双方约定的由后者提供的相应流量支持或者广告支持，前者很难进行验证。在这种情形下，欧盟《数字市场法》草案为超大型数字平台企业设定相应的积极性义务，以消解信息不对称态势。

按照欧盟《数字市场法》草案的规定，"守门人"平台企业还应当允许企业用户在"守门人"平台企业所属平台之外推广其服务，这一义务针对的行为就是我国存在的"二选一"行为，也就是说，"守门人"平台企业不能强制要求企业用户进行"二选一"，它们既不能排除、限制竞争，限制平台内用户的自由选择权，又不应限制竞争对手的生存发展权。

总体而言，欧盟《数字市场法》草案在规定"守门人"平台企业所具有的积极性义务的同时，又规定它们的禁止性义务，禁止性义务针对的非法行为又直接关联在我国数字经济领域引发广泛关注的链接封禁等新型垄断行为类型。

例如，欧盟《数字市场法》草案规定，在"守门人"平台企业所属平台内，禁止"守门人"平台企业优待自身旗下服务、

第四章　网络平台企业新型垄断行为的域外规制范式 ◇

产品，歧视竞争对手的服务、产品。在我国现行《反垄断法》的框架之下，这种行为构成差别待遇形式的滥用市场支配地位垄断行为。但是，认定滥用市场支配地位垄断行为的举证责任比较严苛，而欧盟《数字市场法》草案直接对此规定了"守门人"平台企业相应的禁止性义务。

又如，欧盟《数字市场法》草案规定，"守门人"平台企业不得禁止用户链接到"守门人"企业所属平台之外的企业，这项义务针对的就是拒绝互联互通的链接封禁行为。如果"守门人"平台企业没有正当理由进行链接封禁，那么按照欧盟《数字市场法》草案的要求，它们就违反禁止性义务。欧盟《数字市场法》草案还规定，"守门人"平台企业不得禁止用户卸载任何预装的软件或应用程序。这项义务所针对的违法行为与我国《反不正当竞争法》所规制的若干类型的互联网不正当竞争行为具有相似性、同质性。

由于我国全国人大常委会正在修订《反垄断法》，因而全国人大常委会可以在《反垄断法》架构之下，借鉴欧盟《数字市场法》草案的条款设计与规制细则。虽然欧盟的《数字市场法》是在欧盟的反垄断法架构（例如，《欧盟运行条约》第101、102条）之外新创造的一部法律，但是这部法律涉及对超大型数字平台企业一些新型垄断行为的类型化界分，同时涉及针对超大型数字平台企业类型化义务的拟定，这对我国修法具有较强的借鉴意义。具体来说，我国公权力机关在制定法律条款或者执法、司法标准时，可以针对一些常见的网络平台企业垄断行为予以类型化界分，并针对超大型数字平台企业设定相应的积极性、禁止性义务，厘定相关的经营行为正面清单、负面清单、存疑清单。唯有如此，才有助于促进超大型数字平台企业的反垄断合规进程，亦有助于实现互联网平台经济行稳致远的发展目标。

综合而言，在数字经济时代，针对具有"守门人"属性的超大型数字平台企业及其他类型网络平台企业，我国公权力机关的总体规制目标应当是：在立足本国国情的前提下，适当借鉴德国、美国、欧盟等域外反垄断监管模式，以监管促进数字经济有序发展，依托监管促进网络平台企业合规经营，最终促使超大型数字平台企业走技术驱动型的发展道路；也就是说，促使超大型数字平台企业聚焦于技术创新的星辰大海，而不要聚焦于与一些中小企业争夺市场份额，挤压中小企业的生存空间。在这一整体监管思路下，反垄断监管不仅需要更加强化与细化，而且理应一视同仁。在若干小型相关市场之中，体量较小的企业亦可能具有市场支配地位，它们滥用市场支配地位的垄断行为也应一视同仁地受到反垄断监管。

第五章 Chapter 5

超大型数字平台企业双轮垄断的规制范式

基于产业经济学视角分析,超大型数字平台企业以及其他数字平台企业被视为联结平台、渠道与数据的新型企业组织形态。[1]从应然角度分析,由超大型数字平台企业所驱动的数字经济能够激发出极其强大的市场动能。具言之,如果公权力机关能够针对超大型数字平台企业实现周延性与精准性监管,那么这类企业的产生与演进客观上有利于优化国民经济格局与维护社会公共利益,其原因有三:其一,由于信息型与交易型的数字平台企业通常在多边市场经营,因而这类具有市场多栖性的平台企业具有构筑横跨多边市场统一经营机制的强烈意愿,并据此精准整合自身在多边市场的资源,同时相应降低用户在多边市场的交易成本;其二,具有市场多栖性的数字平台企业能够促成与强化服务供给的多元属性,从而为用户设定与拓展更为宽广与弹性的选择空间;其三,数字平台企业亦可利用大数据资源与数字技术实现自身服务供给与用户实际需求的精准

---

〔1〕 本章以下内容参见翟巍:《超大型数字平台企业双轮垄断的规制范式》,载《财经法学》2021年第1期。

契合与无缝衔接。[1]

然而，随着数字经济的演进发展，溯源于工业经济时代的以竞争法为主导的传统市场监管机制逐渐暴露出空白、罅隙与缺陷，它无法全面涵摄与精准处置由超大型数字平台企业实施的新型垄断行为样态，而这类垄断行为样态极易导致市场竞争机制的疲弱化与形骸化，进而减损社会公共利益。[2]譬如，在2020年11月，国家市场监督管理总局就《关于平台经济领域的反垄断指南（征求意见稿）》公开征求意见，该《指南》的制定目的就是为了进一步细化现行《反垄断法》实施细则，以切实预防和制止平台经济领域的垄断行为。在2021年2月，国务院反垄断委员会印发了《关于平台经济领域的反垄断指南》，进一步完善平台经济领域的反垄断规制机制。又如，在2020年10月初，美国众议院司法委员会发布《数字市场竞争状况调查报告》，该报告认为，作为科技巨头的脸书、谷歌、亚马逊与苹果公司滥用其支配地位排除、限制竞争，并由此导致市场创新机制弱化与消费者利益减损。基于这一原因，该报告建议开启反垄断法律制度的改革。[3]除前所述，由于超大型数字平台企业通常集聚、掌控与应用海量的大数据资源，因而这亦引发关于此类企业可能误用、滥用与非法传输大数据资源的数据安全担忧。

---

[1] Haucap, Justus, Plattformökonomie: neue Wettbewerbsregeln-Renaissance der Missbrauchsaufsicht, in: Wirtschaftsdienst 2020/Konferenzheft, S. 21.

[2] 参见杨东：《论反垄断法的重构：应对数字经济的挑战》，载《中国法学》2020年第3期。

[3] House Judiciary Committee, Investigation of Competition in Digital Markets, 2020.

第五章 超大型数字平台企业双轮垄断的规制范式

第一节 超大型数字平台企业双轮垄断的基本特征

在数字经济时代,由超大型数字平台企业实施的颇为典型的新型垄断行为样态是双轮垄断(double round monopoly)。所谓双轮垄断是指一种在数字经济模式下生成与演进的混合型与集成型垄断行为形式,这种垄断行为的主要施行者为超大型数字平台企业。[1]就行为内部架构而言,双轮垄断系由"轴心型"市场的初始垄断与"辐射型"市场的第二轮垄断组合而成,前者是后者的基础与前提,而后者是前者的辐射与延伸。在初始垄断层面,超大型数字平台企业通过控制平台、渠道、数据的方式,在作为轴心的数字经济基础服务领域(例如,搜索引擎平台服务领域)塑造自身支配地位,并借助规模效应、用户锁定效应等数字经济效应固化与强化该项支配地位。在第二轮垄断层面,超大型数字平台企业利用在数字经济基础服务领域形成的流量优势、渠道优势、数据优势与资金优势,通过杠杆效应、网络效应、规模效应与范围经济效应将其在数字经济基础服务领域的支配地位辐射与延伸到其他领域,从而在多个新的相关市场构筑自身垄断地位。[2]从欧美反垄断实践分析,以GAFAM公司(谷歌、亚马逊、脸书、苹果与微软)为代表的超大型数字平台企业几乎均涉嫌实施双轮垄断行为。

总括而言,域内外超大型数字平台企业所实施的双轮垄断

---

[1] 李勇坚、夏杰长:《数字经济背景下超级平台双轮垄断的潜在风险与防范策略》,载《改革》2020年第8期;参见南都个人信息保护研究中心反垄断课题组、武汉大学知识产权与竞争法研究所:《科技反垄断浪潮观察报告》,2020年8月,第18~21页。

[2] 参见李勇坚、夏杰长:《数字经济背景下超级平台双轮垄断的潜在风险与防范策略》,载《改革》2020年第8期。

可能导致市场竞争机制的疲弱化与形骸化，而这种混合型与集成型垄断行为一般呈现以下四项基本特征：

一、针对竞争对手产品与自身旗下产品实施差别待遇

基于功能界分标准，超大型数字平台企业涵盖匹配型与联结型两类。所谓匹配型超大型数字平台企业的功能是提供信息中介抑或交易中介服务，以促成市场供给与需求的匹配与契合，其典型代表为亚马逊公司。所谓联结型超大型数字平台企业的功能是提供技术联结渠道，以尽可能确保多边市场之间的顺畅互动，其典型代表为苹果公司与微软公司。在门户网站、社交网络、搜索引擎等各类数字化行业，超大型数字平台企业一方面可以借助所属平台实现数据、用户、内容、技术、应用的整合，另一方面能够有效实现旗下各类数字化行业"流量池"的互通性，因而它们在各类数字化行业中的全景生态流量、市场份额、活跃用户数等关键指标均位居行业前列。

在数字经济时代，由于具有寡头垄断地位的超大型数字平台企业所提供的中介匹配与联结服务被绝大多数市场经营者高频率与全方位使用，因而绝大多数经营者对超大型数字平台企业的平台服务产生高度依赖性与附属性。具体而言，除非超大型数字平台企业准许市场经营者提供的商品或服务"入驻其平台"并保持"在平台上的可见性"，否则市场经营者在相关市场竞争中将处于严重劣势地位。[1]然而，超大型数字平台企业出于"经济人"与"理性人"的逐利本性，有可能滥用其在轴心

---

［1］ Vgl. Schweitzer, Heike/Haucap, Justus/Kerber, Wolfgang/Welker, Robert, Modernisierung der Missbrauchsaufsicht für marktmächtige Unternehmen, Endbericht, Projekt im Auftrag des Bundesministeriums für Wirtschaft und Energie（BMWi）, Projekt Nr. 66/17, Abgabe：29. August 2018, S. 8.

型相关市场的初始垄断地位,在平台准入与平台可见性层面针对竞争对手产品与自身旗下产品实施差别待遇,最终在辐射型相关市场固化与强化自身的市场支配力。譬如,依据欧盟反垄断监管机构的观点,谷歌公司涉嫌操纵其搜索引擎的排名结果,从而在偏袒自身旗下产品与服务的同时,人为降低竞争对手旗下产品与服务的排名。[1]

二、经由整合与应用竞争相关性数据的路径遏制竞争

在数字经济时代,数据资源业已成为核心的市场要素与商业资源之一,而超大型数字平台企业可以经由整合与应用竞争相关性数据资源的路径遏制、排除竞争。这类行为亦已引起反垄断监管机关警觉。譬如,2018年欧盟委员会开启对亚马逊公司的反垄断调查,以评估亚马逊公司是否不当利用其平台上独立零售商的敏感数据,并进一步审查亚马逊公司是否利用此类敏感数据推出自身竞争性产品,从而实现自身经营品类的市场扩张。[2]

除上所述,超大型数字平台企业亦可以经由在轴心型基础服务领域控制竞争相关性数据获取渠道的方式,构筑自身在辐射型相关市场的市场支配地位。[3]进一步而言,如果超大型数字平台企业经过自身技术开发与人力、物力、财力付出,已经

---

〔1〕 参见南都个人信息保护研究中心反垄断课题组、武汉大学知识产权与竞争法研究所:《科技反垄断浪潮观察报告》,2020年8月,第18页。

〔2〕 AP: EU Opens Investigation Into How Amazon Uses Data, September 20, 2018, https://apnews.com/article/ac740b5feadd47ed81560a6fed3b4701, last visited: Oct. 16, 2020.

〔3〕 Budzinski, Oliver/Gaenssle, Sophia/Stöhr, Annika, Der Entwurf zur 10. GWB Novelle: Interventionismus oder Laissezfaire? Ilmenau Economics Discussion Papers, No. 140, S. 28, https://www.econstor.eu/bitstream/10419/218964/1/169997652X.pdf, besucht am 05.07.2020.

独家掌握某种大数据资源,而获得这种大数据资源又是其他经营者参与一个或若干个相关市场竞争的必要条件(必要设施),那么超大型数字平台企业应当免费或以合理对价向其他经营者开放此类具有公共属性的大数据资源。假设超大型数字平台企业拒绝竞争对手以适格方式与合理对价获取与使用这类大数据资源,那么超大型数字平台企业就涉嫌构成滥用市场支配地位的垄断行为。颇为遗憾的是,域内司法机关在若干案例审理中存在较重视特定大数据资源商业属性而忽视其公共属性的倾向。[1]

三、弱化或排斥数据或服务之间互操作性以及遏制数据可移植性

作为市场化要素的数据的自由流转、交易与融合是实现数字经济可持续发展的必要前提。由于超大型数字平台企业在轴心型与辐射型相关市场集聚巨量数据资源,而超大型数字平台企业为了追求巨量数据资源所附带的垄断利益,不但可能倾向于弱化或排斥自身数据、服务与竞争对手数据、服务之间的互操作性,而且可能遏制所掌控数据的可移植性,这就极易导致数据或服务供给的孤岛效应,引发分割数据、服务市场与阻滞竞争机制后果。譬如,在 2020 年新冠疫情暴发期间,我国大量企业开启在线远程办公模式,而提供在线远程办公服务的平台包括腾讯旗下的企业微信与腾讯会议、阿里巴巴旗下的钉钉、字节跳动旗下的飞书等。然而,腾讯公司涉嫌通过从微信端封杀飞书等产品的方式,以排斥其旗下的企业微信与竞争性平台产品飞书等的兼容性与互操作性。

---

[1] 参见天津市滨海新区人民法院民事裁定书,(2019)津 0116 民初 2091 号。

四、构筑具有自组织性特征的宏观数字化生态系统

超大型数字平台企业通过实施双轮垄断的方式,逐步构筑具有自组织性特征的横跨众多相关市场的宏观数字化生态系统,而这类生态系统通常在经济领域与社会生活中发挥不可或缺的效用。在这类系统架构下,超大型数字平台企业得以利用其根基于平台、渠道与数据的统合型市场支配力在轴心型与辐射型相关市场显著排除、限制竞争。具言之,这种浸润与穿透多元相关市场的统合型市场支配力并非经典反垄断法意义上的局限于单一相关市场的支配力,而系由超大型数字平台企业在轴心型与辐射型相关市场的影响力汇总与加权而成。

在内循环与封闭式的数字化生态系统中,超大型数字平台企业能够利用横跨多元相关市场的优势力量(譬如,矩阵式布局、海量用户黏附性、平台多栖性、大数据资源),嵌合与交融滥用市场力行为与其他类型垄断行为,持续与循环强化自身在互联网领域多元相关市场的优势地位,最终在轴心型与辐射型相关市场均呈现出"不可战胜"(unangreifbar)的特征。[1]

第二节 超大型数字平台企业双轮垄断的反垄断法规制路径

在数字经济时代,数字化技术演进业已触发各类市场主体之间经济实力关系的深刻变革,这导致传统反垄断法规制体系面临施行阻滞与效能消解风险。具言之,在超大型数字平台企

---

〔1〕 Vgl. BMWi, GWB-Digitalisierungsgesetz, S. 1, https://www.bmwi.de/Redaktion/DE/Downloads/G/gwb-digitalisierungsgesetz-zuammenfassung.pdf?__blob=publicationFile&v=4, besucht am 30.06.2020.

业双轮垄断行为规制层面，起源于工业经济时代的反垄断法律制度暴露出滞后性、僵化性、非全面性的弊端，主要表现为规制理念的不匹配性与规制范畴的不周延性。为了修正、补白与局部重构反垄断法律制度内容，以使其能够适应数字经济时代规制双轮垄断行为的需求，公权力机关应当在立法、执法、司法层面开启反垄断法律制度的数字化改革进程，以实现针对超大型数字平台企业的统合型规制。

一、通过增设新型禁止滥用市场力条款方式实现规制补强与补位目标

迄今为止，我国《反垄断法》（第17~19条、第47条）仅仅禁止单一类型的"企业滥用市场力行为"，即滥用市场支配地位行为。在现行《反垄断法》框架下，国家市场监督管理总局起草的《关于平台经济领域的反垄断指南（征求意见稿）》第4条作出认定滥用市场支配地位行为的创新性与变通性规定：在特定个案中，如果直接事实证据充足，只有依赖市场支配地位才能实施的行为持续了相当长时间且损害效果明显，准确界定相关市场条件不足或非常困难，可以不界定相关市场，直接认定平台经济领域经营者实施了垄断行为。该条文的制定遵循"由果及因"的法理推导逻辑，在个案情形下无疑降低了互联网经济领域关于滥用市场支配地位行为的认定门槛，因而它有利于反垄断执法机关强化与优化针对超大型数字平台企业滥用市场支配地位行为的监管。不过，该条内容未被纳入国务院反垄断委员会印发的《关于平台经济领域的反垄断指南》。

在双轮垄断格局下，超大型数字平台企业不仅能够实施传统意义上的滥用市场支配地位行为，而且能够实施根基于网络经济时代的新型滥用市场力行为排除、限制竞争，而这类新型的滥用市场力行为尚不属于我国现行《反垄断法》的规制范畴。

第五章　超大型数字平台企业双轮垄断的规制范式 ◇

综合而言，超大型数字平台企业滥用市场力行为已从"滥用市场支配地位行为"这单一类型转变为"滥用市场相对优势地位行为—滥用市场支配地位行为—滥用显著跨市场竞争影响力行为"三种类型并行态势。

（一）基于"规制补强"目标增设"禁止滥用相对优势地位行为"条款

在轴心型相关市场（基础服务领域），由于具有寡头垄断地位的超大型数字平台企业提供中介匹配与联结服务，而这类服务被辐射型相关市场绝大多数经营者高频率与全方位使用，因而在辐射型相关市场的绝大多数经营者对超大型数字平台企业的平台服务产生高度依赖性与附属性。基于此，即使这类超大型数字平台企业在辐射型相关市场仅具寡头垄断态势下的相对优势地位，但如果它们滥用此相对优势地位，对作为竞争对手的市场经营者产品与自身旗下产品实施差别待遇，抑或不准特定市场经营者提供的产品"入驻其平台"并保持"在平台上的可见性"，那么这类行为势必扭曲辐射型相关市场的竞争机制。[1]

近年来，域内若干引发社会关注的"二选一"行为就涉嫌构成超大型数字平台企业滥用相对优势地位行为。[2]依据《关于平台经济领域的反垄断指南（征求意见稿）》第15条，平台经济领域经营者被禁止滥用其市场支配地位要求交易相对人在竞争性平台间进行"二选一"或者其他具有相同效果的行为，

---

〔1〕 Vgl. Schweitzer, Heike/Haucap, Justus/Kerber, Wolfgang/Welker, Robert, Modernisierung der Missbrauchsaufsicht für marktmächtige Unternehmen, Endbericht, Projekt im Auftrag des Bundesministeriums für Wirtschaft und Energie（BMWi）, Projekt Nr. 66/17, Abgabe：29. August 2018, S. 8.

〔2〕 参见翟巍：《针对二选一强化全面监管势在必行》，载《法治日报》2020年9月9日。

但该条款适用的基本前提是:"平台经济领域经营者业已在相关市场上具有市场支配地位";基于此,在实践适用层面该条款无法周延性规制由超大型数字平台企业实施的滥用相对优势地位强制交易相对人"二选一"行为。国务院反垄断委员会印发的《关于平台经济领域的反垄断指南》第15条基本承袭了《关于平台经济领域的反垄断指南(征求意见稿)》第15条的内容。

基于域外借鉴视角,大陆法系国家翘楚德国的《反限制竞争法》早已内置"禁止滥用相对优势地位行为"条款。具言之,滥用市场支配地位行为(Verbotenes Verhalten von marktbeherrschenden Unternehmen)与滥用相对优势地位行为(Verbotenes Verhalten von Unternehmen mit relativer oder überlegener Marktmacht)分别受到德国《反限制竞争法》第19条与第20条的禁止性规制,它们被视为聚焦于单一相关市场的滥用市场力行为的强化与弱化样态。[1]虽然我国《电子商务法》第35条被宽泛视为禁止滥用相对优势地位行为条款,[2]但这项法条的内容具有倡导性与宣示性特征,其细化性与实操性不强,并且与这项法条所禁止行为相对应的行政法律责任较轻,因而它无法对滥用相对优势地位行为的超大型数字平台企业形成足够法律威慑力。因此,我国全国人大常委会可以借鉴德国《反限制竞争法》模式,将"滥用相对优势地位行为"厘定为"滥用市场支配地位行

---

〔1〕 Gesetz gegen Wettbewerbsbeschränkungen, https://www.gesetze-im-internet.de/gwb/, besucht am 21.10.2020.

〔2〕《电子商务法》第22条规定:电子商务经营者因其技术优势、用户数量、对相关行业的控制能力以及其他经营者对该电子商务经营者在交易上的依赖程度等因素而具有市场支配地位的,不得滥用市场支配地位,排除、限制竞争。该法第35条规定:电子商务平台经营者不得利用服务协议、交易规则以及技术等手段,对平台内经营者在平台内的交易、交易价格以及与其他经营者的交易等进行不合理限制或者附加不合理条件,或者向平台内经营者收取不合理费用。

第五章　超大型数字平台企业双轮垄断的规制范式 ◇

为"的弱化形式,并基于"反垄断规制补强"目标在《反垄断法》中增设"禁止滥用相对优势地位行为"条款,将"滥用相对优势地位行为"与"滥用市场支配地位行为"统一纳入法定禁止的垄断行为范畴。

(二)基于"规制补位"目标增设"禁止具有显著跨市场竞争影响企业的滥用市场力行为"条款

在内循环与封闭式的数字化生态系统中,超大型数字平台企业能够利用浸润与穿透多元相关市场的统合型市场支配力,在轴心型与辐射型相关市场嵌合与交融滥用市场力行为与其他类型垄断行为,塑造、固化与强化自身在互联网领域多元相关市场的优势地位。在现行反垄断法制度架构下,在单一相关市场禁止单一垄断行为的经典规制范式已经无法规制超大型数字平台企业在多元相关市场实施的滥用统合型市场支配力的行为。

基于弥补数字经济时代反垄断规制缺位的目标,2020年德国《反限制竞争法》第十次修订法案草案的显著特征是增设第19a条,该项法条标题为"具有显著跨市场竞争重要性的企业的滥用行为"(Missbräuchliches Verhalten von Unternehmen mit überragender marktübergreifender Bedeutung für den Wettbewerb)。该项法条首次厘定并禁止不同于滥用相对优势地位行为、滥用市场支配地位行为的第三类型的企业滥用市场力行为,即具有显著跨市场竞争影响企业的滥用市场力行为。[1]就立法设计而言,德国《反限制竞争法》第十次修订法案草案第19a条的主要规制对象为超大型数字平台企业在多元相关市场实施的滥用统合型市场支配力的行为。2021年1月19日,德国《反限制竞争法》第十次修订法案正式生效。德国新版《反限制竞争法》

---

[1] BMWi, Referentenentwurf des Bundesministeriums für Wirtschaft und Energie, www.bmwi.de, besucht am 30.06.2020.

第19a条规定基本承袭《反限制竞争法》第十次修订法案草案第19a条的内容。

在我国《反垄断法》即将修订之际,全国人大常委会有必要基于数字经济时代"反垄断规制补位"目标,吸纳以德国为代表的域外最新立法理念与技术,在我国《反垄断法》中增设新型的禁止滥用市场力条款,以规制具有显著跨市场竞争影响的超大型数字平台企业所施行的滥用市场力行为。

在前置阶段,全国人大常委会应当首先在《反垄断法》中增设关于评判"一个企业是否具有显著跨市场竞争重要性"的条款;在这项新设条款中,全国人大常委会有必要厘定以下多维度的评判标准:①相关企业在一个或若干个市场上的市场优势地位;②相关企业的财务实力或获得其他资源的机会;③相关企业实施的垂直整合活动或以其他方式在相互关联的市场进行的活动;④相关企业获取与竞争相关的数据的渠道;⑤相关企业的活动对第三方主体进入采购与销售市场的重要影响以及相关企业通过其相关活动对第三方主体业务活动的影响。

在后续阶段,全国人大常委会有必要在借鉴德国《反限制竞争法》第十次修订法案第19a条的基础上,通过在《反垄断法》中增设"禁止具有显著跨市场竞争重要性的企业滥用市场力行为"条款的方式,明文禁止以下类型的呈现双轮垄断特征的滥用显著跨市场竞争影响力行为:其一,超大型数字平台企业对竞争对手与自身所属企业实施差别待遇;其二,超大型数字平台企业通过整合与利用竞争相关性数据的方式排除、限制竞争;其三,超大型数字平台企业减损数据或服务之间的互操作性或数据的可移植性,从而扭曲竞争机制。[1]

---

[1] Vgl. BMWi, Referentenentwurf des Bundesministeriums für Wirtschaft und Energie, www.bmwi.de, besucht am 30.06.2020.

第五章　超大型数字平台企业双轮垄断的规制范式 ◇

二、施行全景式、前置式与穿透式反垄断监管方式

鉴于在数字经济时代，传统反垄断监管方式无法即时、全面与精准处置由超大型数字平台企业实施的新型垄断行为，由德国政党基民盟/基社盟与社会民主党签订的联盟协议作出关于反垄断执法机制数字化改革的宣示："竞争监管机构必须能够——尤其是在快速变化的市场中——迅速有效地纠正滥用市场支配力的行为。为此我们将要——特别是在平台企业实施滥用行为的层面——进一步强化竞争监管机构的监管。"[1]

在具有较高集中度的数字经济相关市场，超大型数字平台企业不但通常占据主要市场份额，而且由于其逐利本质而具有滥用市场力量攫取经济暴利的动机。基于这一情况，欧盟委员会早在2018年颁布的《2017年竞争政策报告》中就主张，在此类具有较高集中度的相关市场，欧盟应当致力于促进公平竞争，以实现维护公民福祉与相关企业利益的目标。具言之，为了防止在这类相关市场中的大型与超大型企业滥用其市场力量损害用户利益，阻碍经济发展，欧盟反垄断执法与司法机关必须遵循严苛的标准实施反垄断法。譬如，在2017年第C-413/14 P号判例中，欧洲法院就在全面调查前提下遵循严苛标准认定：占据市场主导地位公司给予独家折扣的行为构成具有反竞争效果的违法行为。[2]

---

[1] BMWi, GWB-Digitalisierungsgesetz, S. 1, https://www.bmwi.de/Redaktion/DE/Downloads/G/gwb-digitalisierungsgesetz-zuammenfassung.pdf?__blob=publicationFile&v=4, besucht am 30.06.2020.

[2] Case C-413/14 P: Judgment of the Court (Grand Chamber) of 6 September 2017 — Intel Corp. v European Commission, Association for Competitive Technology Inc., Union fédérale des consommateurs — Que choisir (UFC — Que choisir) [Appeal — Article 102 TFEU — Abuse of a dominant position — Loyalty rebates — Commission's jurisdiction— Regulation (EC) No 1/2003 — Article 19], OJ C 374, 6.11.2017, p.2.

总括而言，域内外反垄断监管机关传统上采用的被动式与外在式监管手段不但无法应对由超大型数字平台企业实施的具有全局性、专业性与隐秘性特征的滥用市场力等垄断行为，而且亦无力遏制由超大型数字平台企业构筑的宏观数字化生态系统的自我循环强化态势。鉴于此，反垄断监管机关应当获得相应法定授权，以确保其能够更加便捷地采取临时性与常态性监管措施，从而更加有效地应对由超大型数字平台企业在轴心型与辐射型相关市场实施的滥用市场力垄断行为。

在上述前提下，反垄断监管机关可以基于横跨多元市场的全景式视角，通过强化统合式、前置式与穿透式监管，主动开启针对超大型数字平台企业双轮垄断格局及数字化生态系统的反垄断调查活动。一方面，反垄断监管机关有必要借助大数据分析等科技工具，评估超大型数字平台企业控制的平台系统、人工智能与数字技术、大数据资源、注意力资源，实现双轮垄断格局下对超大型数字平台企业垄断行为的预警性与回溯性调查；另一方面，反垄断监管机关亦有必要借助区块链技术等先进科技，分析锁定效应、杠杆效应、规模效应等数字经济效应，发现、提取与固定在双轮垄断格局下超大型数字平台企业垄断行为的痕迹、线索、证据。此外，反垄断监管机关亦可以通过设置正面清单、存疑清单与负面清单方式，为超大型数字平台企业构筑与运行宏观数字化生态系统设定实操化与清晰化的行为合规指南。

三、重构垄断纠纷民事诉讼举证责任分配机制

最高人民法院《关于审理因垄断行为引发的民事纠纷案件应用法律若干问题的规定》第8条规定："被诉垄断行为属于反垄断法第17条第1款规定的滥用市场支配地位的，原告应当对

第五章 超大型数字平台企业双轮垄断的规制范式

被告在相关市场内具有支配地位和其滥用市场支配地位承担举证责任。被告以其行为具有正当性为由进行抗辩的,应当承担举证责任。"依据该条规定,在涉及超大型数字平台企业双轮垄断纠纷民事诉讼中,提出反双轮垄断诉求的原告应当承担证明作为被告的超大型数字平台企业实施"滥用市场支配地位行为"的举证责任。

然而,由于超大型数字平台企业在双轮垄断格局中实施的滥用市场支配地位行为呈现复合性、技术性与隐蔽性特征,因而受到此类垄断行为侵害的企业或消费者通常面临"无知之幕",这类企业与消费者一般仅能提供关于此类垄断行为存在的低度或中度盖然性证据(譬如,相关线索或市场迹象),而没有法定权限与技术手段获取关于此类垄断行为存在的高度盖然性或确定性证据。这实质上使这类企业或消费者处于垄断司法诉讼举证难度过大与举证责任过重的窘境,因而亦导致其难以通过司法诉讼方式维权。[1]

基于前述境况,为了在数字经济领域增强《反垄断法》的私主体执行效果与效率,我国立法机关及司法机关有必要重构现行垄断纠纷民事诉讼举证责任分配机制。一方面,我国立法机关及司法机关应当弱化与降低提出反双轮垄断诉求原告的举证责任。具言之,这类原告在承担举证责任层面,应当仅需提供关于超大型数字平台企业实施垄断行为的相关性信息或低度、中度盖然性证据,而不应被苛求提供高度盖然性证据乃至确定性与确凿性证据。另一方面,如果被告超大型数字平台企业以其被诉双轮垄断行为具有正当性为由进行抗辩,应当承担强化与细化抗辩事由的举证责任。具言之,我国立法机关及司法机

---

〔1〕 参见杜爱武、陈云开:《反垄断诉讼典型案例评析:律师视野下的中国反垄断法私人执行》,中国法制出版社2017年版,第61、70页。

关有必要厘定下列四项关于超大型数字平台企业提出正当性抗辩的标准：

第一，显著性标准：超大型数字平台企业应当证明其实施的被诉行为能够显著增进社会公共利益或其促进竞争影响显著大于阻碍竞争影响。

第二，不可替代性标准：超大型数字平台企业应当证明其实施的被诉行为具有不可替代属性。也就是说，如果存在其他替代性措施，而此类替代性措施可以实现与被诉行为等同的正面效果，但此类替代性措施能够产生比被诉行为更小的损害竞争影响，那么被诉行为就不契合不可替代性标准的要求。

第三，最低限度标准：超大型数字平台企业应当证明其被诉行为产生的负面影响被限定在实现正当性目标（譬如，社会共同利益目标）所必需的最低限度之内。

第四，透明性标准：超大型数字平台企业应当确保其实施的被诉行为动机、手段与后果的透明性与可查验性，公权力机关、利益相关者与社会公众都有权依法获取关于被诉行为实施的相关信息，并可对被诉行为的实施予以必要监督。

四、循序渐进建构我国版本的《数字市场法》

欧盟最近公布了关于互联网平台治理的《数字市场法》草案与《数字服务法》草案。依据这两部草案规定，由于超大型数字平台企业被视为数字市场的"守门人"，因而它们必须额外承担附加义务，以确保互联网竞争环境的开放性与公平性。举例来说，超大型数字平台企业被要求"允许第三方主体提供的服务与超大型平台企业的自有服务进行交互式操作"。

总括而言，欧盟立法者系在反垄断法之外另起炉灶，创设一个独立于反垄断法之外的监管体系，即《数字市场法》监管体系。在《数字市场法》与反垄断法律结合的基础上，执法机关可以对具有"守门人"特征的超大型数字平台企业进行事前、事中、事后监管，从而维护与强化数字经济互联互通的属性。譬如，依据《数字市场法》的要求，具有"守门人"特征的超大型数字平台企业不得禁止用户链接到"守门人"企业所属平台之外的企业，不能妨碍用户实现多归属性。该项规定能够较为有效防范由超大型数字平台企业实施的以排斥、限制竞争为目的之封禁行为。

基于前述，我国立法机关可以根据本国数字经济发展趋势与规制现状，循序渐进借鉴欧盟模式；具言之，我国立法机关可以先在《反垄断法》架构下增设针对具有"守门人"特征的超大型数字平台企业新型垄断行为的规制法条，然后逐步制定我国版本的《数字市场法》，以实现针对超大型数字平台企业实施的各类新型垄断行为的事前、事中、事后统合型监管。[1]

第三节 双轮垄断格局下大数据资源爬取行为违法性判定路径

就功能属性而言，大数据资源既属于数字经济发展的"石油""燃料"与动力，又是构成数字经济的市场化要素类型之一。[2]由于超大型数字平台企业在轴心型与辐射型相关市场集聚大数据资源，因而这类平台企业为了追求大数据资源衍生的高额垄断利益，不但可能经由整合与应用竞争相关性数据资源的路径遏制、排除竞争，而且亦有可能通过弱化或排斥自身数

---

[1] 翟巍：《域内外比较视野下拒绝互联互通行为的规制范式》，载《华政竞争法研究中心》头条号，2021年4月3日。

[2] 参见[美]杰奥夫雷·G.帕克等：《平台革命：改变世界的商业模式》，志鹏译，机械工业出版社2018年版，第218~220页。

据、服务与竞争对手数据、服务之间互操作性的方式遏制、排除竞争。

一、双轮垄断格局下大数据资源的基本属性

迄今为止，我国立法机关尚未从私法层面清晰厘定大数据资源的确切权属。[1]不过，从全球数字经济发展态势考察，大数据资源在域内外已被普遍视为市场化要素类型之一。[2]鉴于大数据资源的搜集、处理、应用服务与社会公众的公共安全、利益福祉之间构成了密切关联，因而大数据资源的搜集、处理、应用服务可被视为具有"社会公共服务"属性。[3]根据"生计预备"理论，[4]由于大数据资源的搜集、处理、应用服务属于社会公共服务范畴，因而虽然这类服务并非必然应当由"国家"（公权力主体）提供，它们亦可以由"私人"（私权利主体）提供，但是"国家"（公权力主体）基于维护社会公共利益的目

---

[1] 譬如，《民法典》第1034~1036条中针对大数据资源所包含的个人信息的识别标准与处理标准作出细化规定，但未对整体大数据资源的细化权属作出明确界定。

[2] 譬如，2020年3月30日，中共中央、国务院制定了《关于构建更加完善的要素市场化配置体制机制的意见》，该文件明确将数据厘定为一种新型生产要素。

[3] 在域外的立法文献与学术研究文献中，与社会公共服务概念同质或类似的概念表述包括"gemeinwohlorientierte Leistungen" "Daseinsvorsorge" "Leistungen der Daseinsvorsorge" "Dienstleistungen von allgemeinem Interesse" "öffentliche Dienstleistungen" "Dienste von allgemeinem Interesse" "service public" "servicio público"等。Vgl. Zhai, W., Staatliche Wettbewerbsbeschränkungen in Bezug auf Dienstleistungen von allgemeinem wirtschaftlichem Interesse im Rahmen des EU-Kartellrechts, 2012, 1. Auflage, Hamburg, S. 13 ff.

[4] 恩斯特·福斯特霍夫（Ernst Forsthoff）是"生计预备"理论的开创者。在1938年，恩斯特·福斯特霍夫在其著作《作为服务提供者的行政》中阐述以服务为管理对象的行政的发展路径，并使用"生计预备"（Daseinsvorsorge）一词指称"为实现有意义的人类生存而提供必需商品与服务的国家任务"。Vgl. Der Deutsche Bundestag, Ausarbeitung, Thema：Was ist Daseinsvorsorge？Abschluss der Arbeit：6. Februar 2006, Reg.-Nr.：WF III-035/06, S. 2.

第五章 超大型数字平台企业双轮垄断的规制范式

标,负有对于这类服务供给不可或缺的保障与监管职责。[1]

就理想状态而言,由于超大型数字平台企业具备在轴心型与辐射型相关市场搜集、处理、应用大数据资源的意愿与能力,因而这类平台企业能够为使用平台服务的经营者与消费者提供精准契合需求的个别化与定制化服务,这在客观上可以增进相关经营者利益与提升消费者福祉。但就实然状态而言,由于超大型数字平台企业兼具"经济人"与"理性人"的逐利属性,因而这类平台企业为了实现自身利益最大化,不仅有可能恶意拒绝就其所掌控的大数据资源进行合理分配与共享,而且有可能滥用竞争相关性大数据资源,实施隐形差别对待以及大数据"杀熟"行为。

总括而言,由于超大型数字平台企业能够利用横跨多元相关市场的优势力量(譬如,大数据资源),持续与循环强化自身在互联网领域多元相关市场的优势地位,循序形成初始垄断、第二轮垄断乃至第三轮垄断,最终在轴心型与辐射型相关市场呈现出"不可战胜"的属性,因而市场机制的自我调整与自发修正已经无法有效克服由超大型数字平台企业双轮乃至多轮垄断所导致的市场竞争机制疲弱化与形骸化现象。基于此,在依靠市场机制的自我调整与自发修正无法破解市场失灵难题的情形下,就"须借由市场之外、超越个体利益的力量介入市场并对损害的竞争予以救济"。[2]

鉴于上述情况,我国立法机关应当考虑通过制定单行法律的形式,将大数据资源分级分类管理,并将显著涉及社会公共

---

[1] Vgl. Pielow, Johann-Christian, Öffentliche Daseinsvorsorge zwischen „Markt" und „Staat", in: JuS 2006, 692.

[2] 金善明:《反垄断法法益研究:范式与路径》,中国社会科学出版社2013年版,第1页。

利益的大数据资源界定为公共产品或准公共产品,进而赋予一般企业用户与社会公众合理获得此类必要的大数据资源服务的权利。在此立法设计框架下,我国市场监管机关应当将超大型数字平台企业视为"公共企业"或"准公共企业",并强化对这类企业所掌控的大数据资源服务的全面性与穿透性监管,以确保超大型数字平台企业施行的大数据资源搜集、整合、分析、利用行为得以契合社会公共利益需求。[1]譬如,我国市场监管机关应当识别、处置与防范由超大型数字平台企业实施的滥用大数据资源封流手段与技术封禁手段而妨碍用户多归属的行为。[2]

二、双轮垄断格局下大数据资源爬取行为的违法性判定标准

在数字经济领域,不仅超大型数字平台企业可能利用爬虫技术在轴心型与辐射型相关市场集聚与扩容大数据资源,而且

---

〔1〕 究其根源,域内外各国所普遍使用的公共企业概念应当渊源于盎格鲁-撒克逊法律(Anglo-Saxon Law)的传统概念"public corporation"与"public enterprise"。基于外延范畴界定视角,"公共企业"不但应当包括公法人(公营公司),而且应当涵盖私法人(私营公司)。依据欧盟官方观点,公共企业是指公共部门可以对其直接或间接发挥主导作用的企业类型;具体而言,公共部门可以经由以下路径管控公共企业:其一,拥有公共企业所有权;其二,通过投资方式控制公共企业;其三,通过设定公共企业章程特定条款方式,确保公共部门对公共企业的支配权与控制权;其四,利用其他可以管控公共企业经营活动的规定,确保公共部门对公共企业的支配权与控制权。根据我国数字经济发展态势与趋势,我国市场监管机关有必要通过以上第四种路径,在获得法律法规授权的前提下,基于实现社会公共利益目标对于具有公共企业或准公共企业属性的超大型数字平台企业施行专门性监管。Vgl. Hochbaum/Klotz, in: von der Groeben, Hans/Schwarze, Jürgen (Hrsg.), EUV/EGV, Band 1, 6. Auflage, Baden-Baden, 2003, Art. 86 EG, Rn. 7; Richtlinie 2006/111/EG der Kommission vom 16. November 2006 über die Transparenz der finanziellen Beziehungen zwischen den Mitgliedstaaten und den öffentlichen Unternehmen sowie über die finanzielle Transparenz innerhalb bestimmter Unternehmen (kodifizierte Fassung), Art. 2, OJ L 318, 17. 11. 2006, pp. 17-25.

〔2〕 王晓晔:《我国〈反垄断法〉修订的几点思考》,载《法学评论》2020年第2期。

第五章 超大型数字平台企业双轮垄断的规制范式 ◇

其他经营者亦可能利用爬虫技术爬取由超大型数字平台企业所掌控的大数据资源。[1]总体而言,我国尚未有专门规制爬虫技术的法律法规。由于在民事法律层面大数据资源还存在权利属性不明与权利主体不确定的状态,因而在爬虫技术所爬取的大数据资源基础法律性质依旧存在争议的情形下,我国立法机关在短期内难以制定专门规制爬虫技术的法律法规。在现行法律制度架构下,由不同主体实施的爬虫技术应用行为既可能构成合法合规行为,也可能在个案情形下构成违反我国《反垄断法》《反不正当竞争法》《消费者权益保护法》及民事法律、刑事法律以及知识产权法律的行为。

由于超大型数字平台企业在轴心型与辐射型相关市场掌控海量的大数据资源,因而这类平台企业通常具有数字经济核心基础设施(必要设施)的属性。[2]依据作为反垄断行为性救济政策之一的必要设施原则,[3]在大数据资源分配与共享机制尚未成型的背景下,如果超大型数字平台企业无端禁止其他经营者合理使用其在轴心型或辐射型相关市场所掌控的具有"必要设施"属性的大数据资源,那么就涉嫌构成滥用大数据资源排除、限制竞争的垄断行为。

---

[1] 以下若干内容取材于笔者接受《中国知识产权报》的专访,参见姜旭:《擅自爬取数据,当心侵权!》,载《中国知识产权报》2020年4月1日,第9版。

[2] 依据国家市场监督管理总局起草的《关于平台经济领域的反垄断指南(征求意见稿)》第14条,认定相关数据是否构成必需设施,一般需要综合考虑数据对于参与市场竞争是否不可或缺,数据是否存在其他获取渠道,数据开放的技术可行性,以及开放数据对占有数据的经营者可能造成的影响等因素。依据国务院反垄断委员会印发的《关于平台经济领域的反垄断指南》第14条,认定相关平台是否构成必需设施,一般需要综合考虑该平台占有数据情况、其他平台的可替代性、是否存在潜在可用平台、发展竞争性平台的可行性、交易相对人对该平台的依赖程度、开放平台对该平台经营者可能造成的影响等因素。

[3] 参见时建中、张艳华主编:《互联网产业的反垄断法与经济学》,法律出版社2018年版,第453页。

具言之，假设超大型数字平台企业经过自身技术研发与人力、物力、财力投入，已经在轴心型或辐射型相关市场独家掌控某类大数据资源，而获得这类大数据资源又是其他经营者参与轴心型或辐射型相关市场竞争的必要前提，那么超大型数字平台企业就应当免费或以合理对价向其他经营者开放此类大数据资源。在此情形下，如果超大型数字平台企业在 robots 协议中设定禁止爬虫技术爬取的相应条款，并且拒绝以合理方式向其他经营者开放此类大数据资源，这一行为就涉嫌构成我国《反垄断法》第 17 条禁止的滥用市场支配地位垄断行为。在超大型数字平台企业实施此类垄断行为的前提下，如果意图进入轴心型或辐射型相关市场的其他经营者违反 robots 协议使用爬虫技术，擅自爬取超大型数字平台企业不予许可爬取的数据，那么这种爬取行为一般应被视为合理行为；换言之，实施爬取行为的经营者不应当承担法律责任，或者应被免除或减轻法律责任。相关典型域外案例为美国海酷实验室公司诉领英的数据纠纷案。[1]

反之，如果一个超大型数字平台企业经过自身技术研发与人力、物力、财力投入，在轴心型或辐射型相关市场获得与保有不具有"必要设施"属性的大数据资源，那么该超大型数字平台企业就应当对这类大数据资源享有排他性使用权益。在此基本前提下，如果该超大型数字平台企业在 robots 协议中设定禁止爬虫技术爬取的相应条款，那么在其他经营者违反 robots 协议使用爬虫技术，擅自爬取该超大型数字平台企业不允许爬取的数据信息的情形下，这类经营者就涉嫌构成侵犯该超大型数字平台企业合法使用权益的违法行为。

---

〔1〕 HiQ Labs, Inc. v. LinkedIn Corp., No. 17-16783 (9th Cir. 2019).

第五章　超大型数字平台企业双轮垄断的规制范式

通说认为，以数据库为代表的个别类型大数据资源可被直接认定为属于著作权法意义的作品范畴。如果超大型数字平台企业获取与掌控此类大数据资源，并且此类大数据资源不具有"必要设施"属性，而其他经营者未经允许擅自利用爬虫技术爬取由超大型数字平台企业掌控的此类资源，那么超大型数字平台企业可以经由著作权法诉讼路径进行自我维权。不过，由超大型数字平台企业所掌控的绝大多数类型的不具"必要设施"属性的大数据资源并不属于著作权法意义上作品范畴。尽管在现行法律实践中，这类大数据资源的被搜集主体（如消费者群体、企业用户）与掌控这类资源的超大型数字平台企业均对大数据资源享有不同程度的权益，但这类权益不应被简单等同于传统法律意义上的著作权或财产权，它们仅应构成在基本权属未定状态下关于大数据资源的特殊性与权宜性使用权益。

不容忽视的是，如果大数据资源内含消费者敏感的隐私信息，那么超大型数字平台企业未经消费者同意擅自爬取此类大数据资源的行为本身涉嫌构成违反我国《消费者权益保护法》第 29 条的侵犯消费者个人信息权行为。与之相对应，依据我国《消费者权益保护法》第 29 条，如果一个经营者未经消费者同意擅自爬取由超大型数字平台企业掌控的内含消费者隐私信息的大数据资源，那么掌控大数据资源的超大型数字平台企业有义务立即采取补救措施。除此以外，如果一个掌控大数据资源的超大型数字平台企业与一个使用爬虫技术的经营者处于市场竞争关系，而后者未经同意爬取前者掌控的大数据资源，那么该超大型数字平台企业可以依据我国《反不正当竞争法》第 9 条"禁止侵犯商业秘密条款"，通过向反不正当竞争执法部门举报或提起反不正当竞争诉讼方式维权。如果使用爬虫技术的经营者在爬取大数据资源过程中，导致掌控大数据资源的超大型数字平台企业合法提供的网络产品或者服务的正常运行受到妨碍，那么超大型数字平台企业还可以依据我国《反不正当竞争法》第12条"互联网专项条款"，通过向反不正当竞争执法部门举报或提起反不正当竞争诉讼方式维权。

除上所述，依据《关于平台经济领域的反垄断指南》第22条与第23条，如果地方行政主体在大数据资源领域滥用行政权力偏袒本地超大型数字平台企业，而歧视外地平台经济领域经营者，那么地方行政主体还涉嫌构成行政垄断行为。而依据我国《反垄断法》第33条，行政主体不得违反法律、法规的规定滥用行政权力，不得实施具有"块块分割"属性的地方行政垄断行为。这类行政垄断行为的后果是导致商品要素无法在我国统一大市场内部自由流动与优化配置。[1]由于地方行政主体施行的行政垄断行为属于地方行政主体在调节与管理市场经济过程中的副产品，因而它在本质属性上是地方行政主体不恰当与不适格行使经济调节权的行政行为。[2]在当前数字经济背景下，我国统一大市场内部自由流动的生产要素不仅包括商品，而且涵盖数据、服务、技术、资金、劳动力等。因此，全国人大常委会有必要在修订《反垄断法》时，将该项法条修订为"禁止妨碍各类生产要素在地区之间自由流通"。举例而言，如果一个

---

〔1〕《反垄断法》第33条：行政机关和法律、法规授权的具有管理公共事务职能的组织不得滥用行政权力，实施下列行为，妨碍商品在地区之间的自由流通：①对外地商品设定歧视性收费项目、实行歧视性收费标准，或者规定歧视性价格；②对外地商品规定与本地同类商品不同的技术要求、检验标准，或者对外地商品采取重复检验、重复认证等歧视性技术措施，限制外地商品进入本地市场；③采取专门针对外地商品的行政许可，限制外地商品进入本地市场；④设置关卡或者采取其他手段，阻碍外地商品进入或者本地商品运出；⑤妨碍商品在地区之间自由流通的其他行为。

〔2〕 关保英、黄辉、曹杰：《行政垄断之行政法规制》，中国政法大学出版社2008年版，第107页。

第五章　超大型数字平台企业双轮垄断的规制范式

地方行政主体在其辖区内禁止外地经营者依法交易大数据资源，那么该禁止行为就应当被认定为行政垄断行为。

综上所述，在数字经济时代超大型数字平台企业是具有数字化生态系统特征的新经济业态经营者。这类经营者能够通过对数据、平台、渠道的掌控而将自身在轴心型相关市场的支配力传导到辐射型相关市场，形成双轮乃至多轮垄断格局，并得以实现自身市场力量的循环与反复强化。它们还可通过遏制与隔绝大数据资源自由流动的方式减损市场竞争机制的固有效能。鉴于这一态势，我国立法机关应当构建包括反垄断监管与数据安全监管在内的"多位一体"的统合型监管机制，通过增设新型禁止滥用市场力条款方式实现规制补强与补位目标，并重构垄断纠纷民事诉讼举证责任分配机制；而市场监管机关则应当相应施行全景式、前置式与穿透式反垄断监管方式，并细化厘定双轮垄断格局下大数据资源爬取行为的违法性判定标准。

结　语

　　由于网络效应、规模效应、杠杆效应、深口袋效应等经济效应的浸淫影响，在数字经济相关市场较易形成较高市场集中度态势，甚至会形成寡头垄断、独占垄断状态；而网络平台企业亦可能基于"经济人"与"理性人"的属性，滥用新型技术与新型经营模式排除、限制竞争。进一步而言，在数字经济相关市场，网络效应、规模效应等经济效应客观上都有助于"先入为王"的超大型数字平台企业巩固、强化与拓展其市场支配地位。而具有"守门人"特征的超大型数字平台企业可能依凭其在初始垄断市场的支配地位，主动采取链接封禁、"二选一"以及"杀手并购"等手段，从而在第二轮乃至第三轮市场排斥、限制竞争，最终构筑横跨多轮市场的具有"自组织性"特征的底部生态系统。在底部生态系统的助力与加持下，超大型数字平台企业的市场支配力量势必呈现自我循环强化的"马太效应"。

　　在迭代演进的数字经济领域，以超大型数字平台企业为代表的网络平台企业不仅搜集、整合、掌控、利用大数据资源，引发传统价值链架构的深刻变革，而且亦可能通过滥用大数据资源控制权限的方式排除、限制竞争，损害社会公众福祉。

结　语

　　基于前述态势,在数字经济时代域内外反垄断立法、执法、司法机关亟需予以解决的核心法律问题是:如何革新发端于工业经济时代的传统反垄断法内容与形式,设定新型的契合数字经济规制需求的反垄断执法、司法标准,使其可以周延与有效规制在数字经济领域由网络平台企业实施的链接封禁、"二选一"、"杀手并购"、大数据杀熟等新型垄断行为。[1]

　　迄今为止,美国与欧盟立法、执法与司法机关均已强化对于网络平台企业新型垄断行为的统合性监管。为了实现互联网平台经济行稳致远的发展目标,切实维护公平竞争秩序,保障社会公共利益,我国公权力机关应当立足本国互联网平台经济发展现状,有序借鉴欧盟、美国等法域的规制理念与模式设计,从立法、执法、司法层面完善针对网络平台企业新型垄断行为的反垄断规制体系。

　　在"以监管促创新"与"以监管促发展"的新时代背景下,将来数字化改革后的《反垄断法》应当被视为实现我国公权力机关在数字经济时代"目标束"的必要工具。基于我国的现实国情与反垄断规制态势,此处所述的"目标束"应当包括以下具象化目标:"为反垄断执法与司法机关提供明晰的数字经济领域《反垄断法》实施指南,使反垄断执法与司法机关可以有效识别、判定与规制链接封禁、'二选一'、'杀手并购'、大数据杀熟等新型垄断行为,并精准解析数字化生态系统的复杂结构与运行机制,进一步确定相关企业在这类数字化生态系统中的角色定位、实质影响与法定义务。"

---

〔1〕 Vgl. BMWi, Digitale Plattformen, https://www.bmwi.de/Redaktion/DE/Artikel/Digitale-Welt/digitale-plattformen.html, besucht am 18.02.2021.

参考文献

中文参考文献

翟巍:《微软欧盟反垄断案例浅析》,载《网络法律评论》2011年第1期。

孟雁北:《论大数据竞争带给法律制度的挑战》,载《竞争政策研究》2020年第2期。

王晓晔:《我国〈反垄断法〉修订的几点思考》,载《法学评论》2020年第2期。

王先林:《以法律为基础的反垄断战略问题论纲——兼论我国〈反垄断法〉的修订与完善》,载《法学评论》2020年第4期。

李勇坚、夏杰长:《数字经济背景下超级平台双轮垄断的潜在风险与防范策略》,载《改革》2020年第8期。

陈永伟:《美国众议院〈数字市场竞争状况调查报告〉介评》,载《竞争政策研究》2020年第5期。

张江莉、张镭:《互联网"平台封禁"的反垄断法规制》,载《竞争政策研究》2020年第5期。

[美]埃莉诺·M.福克斯:《平台,力量与反垄断挑战:对缩小美国与欧洲分歧的审慎建议》,周丽霞译,载《竞争政策研究》2020年第5期。

翟巍:《〈德国反限制竞争法〉数字化改革的缘起、目标与路径——〈德国反限制竞争法〉第十次修订述评》,载《竞争法律与政策评论》2020年第1期。

翟巍：《超大型网络平台企业双轮垄断的规制范式》，载《财经法学》2021年第1期。

杨东：《构建反垄断法新规则体系，做大做强数字经济产业》，载《中国经济评论》2021年第1期。

杨东、臧俊恒：《数字平台的反垄断规制》，载《武汉大学学报（哲学社会科学版）》2021年第2期。

孙远钊：《论数字市场和网络平台的竞争与垄断——国际实证调研梳理与欧、美最近发展》，载《竞争政策研究》2021年第2期。

韩伟：《"平台经济反垄断指南"正式稿简评》，载《竞争政策研究》2021年第2期。

孙晋：《数字平台垄断与数字竞争规则的建构》，载《法律科学（西北政法大学学报）》2021年第4期。

金善明：《反垄断法法益研究：范式与路径》，中国社会科学出版社2013年版。

马文彦：《数字经济2.0：发现传统产业和新兴业态的新机遇》，民主与建设出版社2017年版。

[美]杰奥夫雷·G.帕克等：《平台革命：改变世界的商业模式》，志鹏译，机械工业出版社2018年版。

时建中、张艳华主编：《互联网产业的反垄断法与经济学》，法律出版社2018年版。

韩伟：《迈向智能时代的反垄断法演化》，法律出版社2019年版。

南都个人信息保护研究中心反垄断课题组、武汉大学知识产权与竞争法研究所：《科技反垄断浪潮观察报告》，2020年8月。

宋迎、翟巍、刘莹译：《德国〈反对限制竞争法修正案〉（GWB-数字化法案）中译本》，载https://www.toutiao.com/i6937993133636633125/，最后访问日期：2021年3月11日。

蒋天伟：《数据可迁移性和数据互操作性，是美国数据垄断规制的立法主流》，载《上海法治报》头条公众号，2021年3月12日。

朱明钊：《"平台封禁、数据壁垒"等反垄断问题需要引起注意》，载《上海法治报》头条公众号，2021年3月13日。

外文参考文献

BMWi, Digitale Plattformen, https://www.bmwi.de/Redaktion/DE/Artikel/Digitale-Welt/digitale-plattformen.html, besucht am 18.02.2021.

BMWi, GWB - Digitalisierungsgesetz, https://www.bmwi.de/Redaktion/DE/Downloads/G/gwb-digitalisierungsgesetz-zuammenfassung.pdf?__blob=publicationFile&v=4, besucht am 30.06.2020.

BMWi, Referentenentwurf des Bundesministeriums für Wirtschaft und Energie, https://www.bmwi.de/Redaktion/DE/Downloads/G/gwb-digitalisierungsgesetz-referentenentwurf.pdf?__blob=publicationFile&v=10, besucht am 30.06.2020.

Budzinski, Oliver/Gaenssle, Sophia/Stöhr, Annika, Der Entwurf zur 10. GWB Novelle: Interventionismus oder Laissezfaire? Ilmenau Economics Discussion Papers, No. 140, https://www.econstor.eu/bitstream/10419/218964/1/169997652X.pdf, besucht am 05.07.2020.

Bundeskartellamt, Algorithmen und Wettbewerb, Schriftenreihe „Wettbewerb und Verbraucherschutz in der digitalen Wirtschaft", Januar 2020.

Bundeskartellamt, Arbeitspapier-Marktmacht von Plattformen und Netzwerken, Az. B6-113/15, Juni 2016.

Bundeskartellamt, Big Data und Wettbewerb, Schriftenreihe „Wettbewerb und Verbraucherschutz in der digitalen Wirtschaft", Oktober 2017.

Bundeskartellamt, Bundeskartellamt prüft im Facebook/Oculus-Verfahren auch den neuen § 19a GWB, Meldung vom: 28.01.2021, www.bundeskartellamt.de, besucht am 20.02.2021.

Bundeskartellamt, Hintergrundinformationen zum Facebook-Verfahren des Bundeskartellamtes, 19. Dezember 2017.

Bundeskartellamt, Hintergrundpapier, Was kann und soll die kartellrechtliche Missbrauchsaufsicht? Tagung des Arbeitskreises Kartellrecht, 4. Oktober 2018.

Bundeskartellamt, Missbrauchsaufsicht, https://www.bundeskartellamt.de/DE/Missbrauchsaufsicht/missbrauchsaufsicht_node.html#doc3590140bodyText6, besucht am 26.03.2021.

参考文献

Bundeskartellamt, Pressemitteilung, Bundeskartellamt begruesst die vom BMWi geplante Modernisierung des Kartellrechts, Stand: 25. Februar 2020.

Bundeskartellamt, Stellungnahme des Bundeskartellamtes zum Referentenentwurf zur 10. GWB-Novelle, Stand: 25. Februar 2020.

Common Understanding of G7 Competition Authorities on "Competition and the Digital Economy", Paris, 5th June, 2019.

Der Deutsche Bundestag, Ausarbeitung, Thema: Was ist Daseinsvorsorge? Abschluss der Arbeit: 6. Februar 2006, Reg. -Nr.: WF III-035/06.

Deutscher Bundestag, Antrag: Wettbewerbsrecht 4.0 - Digitales Monopoly beenden, Drucksache 19/23698 (neu), 28.10.2020.

European Commission, Competition Policy for the Digital Era, A report by Jacques Crémer/Yves-Alexandre de Montjoye/Heike Schweitzer.

European Economic and Social Committee, Opinion of the European Economic and Social Committee on the "Report from the Commission to the European Parliament, the Council, the European Economic and Social Committee and the Committee of the Regions — Report on Competition Policy 2019", COM (2020) 302 final, EESC 2020/03598, OJ C 123, 9.4.2021, pp. 1-6.

Haucap, Justus, Plattformökonomie: neue Wettbewerbsregeln – Renaissance der Missbrauchsaufsicht, in: Wirtschaftsdienst 2020/Konferenzheft, S. 20 ff.

House Judiciary Committee, Investigation of Competition in Digital Markets, 2020.

Judgment of the Court (Grand Chamber) of 15 June 2021, Facebook Ireland Limited and Others v Gegevensbeschermingsautoriteit, Case C-645/19.

Körber, Torsten, Marktabgrenzung und Marktbeherrschung in der digitalen Ökonomie, Vortag zur Sitzung des Arbeitskreises Kartellrecht am 1. Oktober 2015.

Monopolkommission, Wettbewerbspolitik: Herausforderung digitale Märkte, Sondergutachten 68, Bonn, im Juni 2015.

Schweitzer, Heike/Haucap, Justus/Kerber, Wolfgang/Welker, Robert, Modernisierung der Missbrauchsaufsicht für marktmaechtige Unternehmen, Endbericht, Projekt im Auftrag des Bundesministeriums für Wirtschaft und Energie (BMWi), Projekt Nr. 66/17, Abgabe: 29. August 2018.